질문 있는 사람

이승희 지음

**나를 바꾼 건 답이 아닌
꾸준한 질문이었다**

북스톤

나를 알아가는 시간, 셀프 인터뷰

차례

남이 아닌 나에게
질문하는 이유

올해 유독 많은 질문을 했다. 원래 질문을 좋아하긴 했다. 어릴 적부터 지금까지, '물음표 살인마'라 불릴 만큼 질문을 즐겨 했다. 하지만 올해는 유독 질문하고 싶은 이유가 확실했다. 더 잘하고 싶어서, 다른 사람들의 생각을 듣고 싶어서, 내가 과연 잘 살고 있는지 확인하고 싶어서 친구에게, 동료에게, 가족에게 그리고 일하면서 마주친 사람들과 온라인에서 만난 사람들에게 답을 구했다.

좋은(?) 답을 구했냐고?

답을 찾고자 질문을 시작한 것은 아닐지도 모른다. 질문은 그 자체로 힘이 된다. 질문하는 시간은 영감이 되기도 하고, 성장의 기회가 되기도 한다. 하고 싶은 도전 앞에서 망설여질 때, 나만의 뾰족한 것은 대체 어디 있는지 감이 잡히지 않을 때, 내가 가는 길이 맞는지 확신할 수 없을 때, 내 안에서 나온 질문은 마치 나도 몰랐던 방향타인 것 같

아 든든해진다.

무엇보다 좋은 질문은 누군가와 의미 있는 대화를 마련해주기도 하고, 생각지도 못한 곳으로 나를 데려가주기도 한다. 어쩌면 나의 일상을 바꾸는 건 답이 아닌 '좋은 질문'이 아니었을까.

매번 다른 사람에게 질문하다 보니, 스스로 생각의 촉매제를 찾고 싶어졌다. 그래서 시작한 이승희의 셀프 인터뷰.

평소 나에게 하는 질문들, 남들이 나에게 하는 질문들, 정말 쓸데없어 보이는 질문들부터 사뭇 진지해지는 큰 질문까지, 생각날 때마다 메모장에 적어두고 답했다. 스스로 묻고 답했을 뿐인데, 그 시간은 나를 찾는 시간으로 이어졌다. 지금의 나를 들여다보는 질문부터, 좀 더 빨리 했으면 좋았을 질문들, 나를 이끌어줄 질문들까지 생각은 꼬리에 꼬리를 물고 이어졌다.

남이 아닌 나에게 하는 질문에는 삶에 대한 의지가 묻어 있다는 것을 셀프 인터뷰를 하며 알게 됐다. 무엇이든 질문을 던져두면 어떻게든 나 스스로 결말을 완성하고야 마니까. 더 좋은 건 스스로 질문하면서 나만의 속도를 찾아갈 수 있었다는 것이다. 세상이 정해준 기준이나 속도가 아닌.

최근에는 운명처럼 한 강연에서 인상적인 이야기를 들었다. 스스로 성장하기 위해서는 질문하는 사람이 돼야 한다는 것이었다. 어쩌면 스스로 질문을 많이 한다는 것은 적극적으로 삶을 개선하려고 하는 나의 의지일지도 모르겠다.

스스로 묻고 답했지만, 이 시대를 살아가는 우리 모두가 한번쯤 답해보면 좋겠다는 마음으로 질문과 대답을 적었다. 물론 내가 한 질문과 대답을 모범답안이라 할 수 없다. 시간이 흐르면 사람의 생각은 변할 테고, 언젠가는 내가 지금 했던 질문들도, 나의 답변도 달라질 것이다. 하지만 아무리 내용이 '새로고침'되더라도, '질문 있는 사람'으로 살아가겠다는 마음만은 그대로일 것 같다.

앞으로도 질문 있는 사람으로 살아가길 바라면서, 이 책을 통해 더 많은 분들이 질문의 세계로 들어오길 기대하면서, 나를 찾는 셀프 인터뷰를 시작해본다.

언제나 질문 있는 사람, 이승희

중요한 것은 질문을 멈추지 않는 것이다.

_알버트 아인슈타인

지금의 나를
들여다보는
질문들

▷ 나, 지금 잘하고 있을까?

매일 아침,
빼놓지 않고 하는 일이 있다면?

▶ '아침형 인간'이 되기까지

보통 아침 7시나 8시에 일어나서 물 한 잔과 영양제를 먹는다. 그러고는 깨끗해진 머리로 '나의 일'을 시작한다. 칼럼처럼 마감이 있는 글을 쓰기도 하고, 인스타그램이나 블로그 등 SNS에 나의 이야기를 기록한다. '좋아요'를 많이 받으려면 사람들이 많이 접속한 오후 6시쯤 올리는 게 유리하다지만, 그 시간엔 사실상 나의 일을 할 수 없다. 회사 일이든 누군가를 만나든 다른 일을 하는 경우가 많기 때문이다.

반면 아침은 오롯이 나에게 집중해 내 이야기를 만드는 시간이다. 급한 일이 없을 때는 주로 책을 읽고, 주 2일은 헬스장에서 아침운동을 한다. 아침은 간단히 먹거나 건너뛰고 회사로 출근할 때도 있다.

처음부터 아침형 인간은 아니었다. 저녁에 혼자 이것저것 기록하면서 하루를 마무리하는 저녁형 인간에 가까웠다. 그러다 아침형 인간으로 주기를 바꾼 이유는, 하루가 끝나갈 무렵이면 머리가 엄청 무겁게 느껴졌기 때문이다. 하루 종일 여러 사람들의 말과 콘텐츠를 듣고 기억하고 생각하느라 그랬을 거다. 무게감은 그날그날 달랐지만 왠지 모를 피로감 자체를 아예 떨칠 수는 없었다.

천만다행으로, 피로의 무게가 매일 쌓이지만은 않는다는 걸 알아차렸다. 어느 날, 푹 자고 일어나니 쓰레기통 비우듯 머릿속이 말끔하게 비워진 기분이었다. 설령 말끔하지는 않더라도 전날의 화나 우울감이 확실히 옅어진 것을 느낄 수 있었다.

자는 동안 피로가 풀리면서 몸과 머리, 마음도 깨끗해지는 걸까. 한결 산뜻해진 기분으로 영양제를 먹으면 몸도 왠지 금방 건강해질 것 같고, 쓰기 힘든 글도 해볼 기운이 난다. 몰랐으면 모를까, 한 번 느낀 좋은 기분을 놓칠 수는 없어서, 아예 일찍 자고 일찍 일어나는 생활을 하기로 했다.

무조건 아침에 일찍 일어나야 한다는 말은 아니다. 그보다 더 중요한 건 내 몸의 시간을 찾아내는 것이다. 알람 없이 잠들고 일어나기를 며칠 반복해보면 알 수 있다. 자연스럽게 눈이 떠지는 시간이 **내 몸의 시간**이다. 내 경우는 그게 아침 8시인 것이다. 알람을 맞추지 않고, 블라인드를 내리고 자도 아침 8시면 자연스레 눈이 떠진다. 여행을 떠나서도, 새벽 두세 시에 자도 그렇다. 아침형 인간이라 하기엔 너무 늦게 일어나나? 여튼 이 시간대에 깨 있는 게 내게 자연스럽다는 걸 알게 된 후로는 너무 늦게 잠들지 않으려 조절하게 된다. 가장 생기 있을 시간대에 피곤하면 안 되니까.

이렇게 사람마다 '내가 깨어나는 시간'을 찾아보면 좋겠다. 알람 없이 잤다가 지각하거나 너무 늦게 일어나서 하루를 망칠지도 모르지만, 모험해볼 가치는 충분하다. 다른 사람의 시간도 아닌 내 몸의, 나의 시간대를 찾는 일이니까.

아침과 저녁의 플레이리스트?

▶ 노래 하나로 하루를 다르게 살 수 있다면

다른 사람들도 비슷하겠지만 잠에서 막 깨서 하루를 시작할 때는 재즈나 잔잔한 발라드를, 운동할 때는 댄스 음악, 아이돌 노래를 많이 듣는다. 요즘 오전에는 남편이 유튜브 뮤직으로 만들어둔 다양한 플레이리스트를 듣는다. 하루의 끝에는 굳이 무언가를 들으려 하지 않는다. 이미 하루 종일 많은 것을 보고 들어서 머리와 귀가 꽉 차있는 느낌이 들기 때문이다.

예외가 있다면 저녁에 써야 할 글이 있을 때다. 글을 쓸 때는 왠지 조용하고 차분한 음악이 어울릴 것 같지만, 나는 아침저녁 상관없이 쾅쾅 울리는 옛날 노래들을 주로 찾아 듣는다. 윤상, 김현철의 노래, 최신 노래 중에서는 르세라핌의 앨범을 틀어둔다.

《기록하기로 했습니다》를 쓴 김신지 작가님은 빗소리 ASMR이나 재즈, 발라드처럼 조용한 걸 들어야 글이 써진다고. 성향에 따라 같은 일도 이렇게 **다르게** 하다니! 시끄러워야 무언가에 집중되는 나와는 전혀 달라서 너무 웃겼다.

'같은 일도 다르게 한다'는 말은 주로 남다른 결과물을
낸 사람을 보며 감탄하거나 칭찬할 때 쓰는데, 나는 아주 사
소한 일에도 이 말을 자주 쓰고 싶다. 고심해 고른 노동요
하나로도 같은 일을 다르게 할 수 있고, 그 순간과 과정을
즐길 수 있으니까. 이런 마음으로 매일 아침과 저녁의 플레
이리스트를 정비한다.

SNS, 왜, 어떻게 매일 하냐고?

▶ 좋은 걸 알리고 싶어서,
  매일 좋은 게 생기는걸?!

SNS를 왜 하냐는 질문이 민망할 만큼, SNS와 딱 붙어서 살아가고 있다. SNS를 하는 가장 큰 이유는 좋은 걸 보면 알리고 싶은 마음을 참지 못해서다. 지난봄 친구들과 발리로 여행을 갔는데, 그곳에서 말 그대로 미친 듯이(!!!) 인스타그램을 했다. 그때의 마음은 딱 하나였다. 발리가 너무 좋아서, 그 추억을 생생하게 남기고 싶은 생각뿐이었다. 나의 여행은 언젠가 끝나겠지만, 내 인스타를 보고 여행을 다녀온 사람과 이야기하면서 또 한 번 즐거움을 느낄 수 있으니까.

무엇보다 내가 좋다고 느꼈거나 지금 중요한 어젠다로 보이는 것들을 될 수 있는 한 많은 사람들과 공유하며 일종의 무브먼트로 만들고 싶어서 SNS를 한다. 함께 즐거움을 나누는 것, 누군가에게 조금이라도 긍정적인 에너지나 영향을 미치는 데서 보람을 느낀다.

첫 번째 이유가 어느 정도는 남을 위한 거라면, 오롯이 나를 위해서 SNS를 할 때도 있다. SNS를 오랫동안 성실하게 하면서 느낀 점은 '사회가 규정하는 나'가 아닌 '내가 보여주고 싶은 나'를 만들 수 있다는 것이다. SNS가 일종의 나와의 약속이 되는 셈이다. 자전거 콘텐츠를 올리면 나는 자전거를 좋아하는 사람이고, 책 콘텐츠를 올리면 책을 좋아하는 사람이 된다.

자연히 SNS는 글을 쓰게 하는 동력이자 **나를 성장시키는 도구**가 된다. 인스타그램의 영감노트가 모여 《별게 다 영감》이라는 책이 되었다면, 유튜브를 하면서는 성장노트를 부지런히 썼다. 말 그대로 나의 성장기 같은 기록이다.

구독자수 신경 안 쓰려고 했는데… 내가 몰입하려고 만든 유튜브로 인해 또 숫자에 매몰될 수 있겠구나 싶다. 양가적인 감정.

오늘도 아무것도 찍지 못했다. 내가 우울증을 이겨내려고 시작한 유튜브니까 스트레스를 받지 말자. 나를 위해서, 나의 성장을 위해서, 나의 자존감을 위해서 시작한 것을 절대 잊지 말자! 행복해져~ 승희야~

성장노트에는 유튜브를 하면서 내면에서 자라난 말들을 적기도 하고, 책의 목차가 될 내용을 적기도 하고, 조회수를 체크해두기도 한다. SNS가 아니었다면, 이렇게 촘촘하게 기록할 수 있었을까? 얼마 전에는 '유튜브 성장노트'와 관련한 전시에 내 소개를 이렇게 적어보냈다.

하루를 매일매일
'쓰는 사람' 이승희 (마케터/작가) @2tnnd

퍼스널브랜딩이 필요할까?

▶ '나다움'에 숫자는 필요 없다

이 질문은 사석에서 많이 받는 질문 중 하나다. 과연, 퍼스널브랜딩이 뭘까? 인스타그램 계정 팔로어 수 늘리기, 유튜브 채널 함께 키우기 등 퍼스널브랜딩 관련 강좌도 여럿 찾아보고, 제안도 받아봤지만 결론은 늘 같다. 이런 접근은 틀렸다고.

생각해보자. 열심히 키워놓은 인스타그램 계정이 해킹되면, CEO의 결단으로 잘 쓰던 SNS가 사라지면 나는 어떻게 될까? 계정이나 채널을 바꿔도 나라는 사람은 계속 드러날까? 매체는 사라져도 사라지지 않는 나를 떠올리는 것에서부터 퍼스널브랜딩은 시작된다.

팔로어 수가 몇 명이다, 받는 광고비가 얼마다 등 인플루언서는 숫자와 함께 언급되곤 한다. 그에 반해 퍼스널브랜딩은 의외로 숫자와 무관하게 느껴질 때가 많다. 퍼스널브랜딩을 잘하는 사람이 돈을 많이 벌 수도 있겠지만 '퍼스널브랜딩=부'라고 일반화할 수는 없다. 예를 들어 가수 장기하는 유명하긴 하지만 가요계에서 1위 가수는 아니다. 당연히 차트 1위 가수보다는 돈을 적게 벌 것이고.

하지만 내 기준에서 장기하는 퍼스널브랜딩이 강한 사람이다. 누가 흉내낼 수도, 대신할 수도 없는 '장기하스럽다'는 말이 있으니까. 노래뿐 아니라 어떤 일을 하든 장기하다운 것, 장기하스럽다라는 말로밖에 표현하지 못하는 그것 말이다.

유사한 사례로 '성시경스럽다'도 있다. 가수 성시경이 꾸준히 앨범을 내는 것은 성시경다운 것이고, 그가 예능에서 "저 일본어 공부하고 있어요"라고 말하는 건 성시경스럽지 않은 것일까. 그렇지 않다. 내게 성시경은 늘 뭔가를 하는 사람이기 때문이다. 미식가로 불리는 그는 제대로 잘 먹고 싶어서 일본어를 배우고, 요리도 배우고, 베이킹 자격증을 딴다. 포인트는 현재 자신이 배우고 있는 걸 **계속 말하고 보**

여준다는 점이다. 처음부터 똑똑한 이미지이긴 했지만 매번 시도하고 배우고 해내는 일상을 보여주면서 '성시경스러움'이 만들어진다. 계속 말하고 보여주는 게 자기다움을 만드는 데 얼마나 중요한지 장기하와 성시경을 보며 느낀다.

퍼스널브랜딩 강연을 해달라는 요청에 머뭇거리다 용기를 내게 되는 것도, 내가 대단해서라기보다는 한 번 더 '드러내는' 데 의의가 있다고 느끼기 때문이다. 얼마 전 강연을 한 후 '이제 승희만의 색깔이 있네, 자기만의 세계가 생겼더라'는 이야기를 듣고 생각했다. 이승희스러운 것을 설명하지 못해 자책하는 것보다 내가 그간 해왔던 것을 보여주고, 지금 내 생각을 말하는 것이 더 나답다는 것을.

결국 퍼스널브랜딩이란, 내 이름의 존재감을 드러내는 것, 이름만으로 남들과 다름을 보여주는 힘이다. 그런 이름의 존재감을 갖는 순간 퍼스널브랜딩이 시작된 것 아닐까.
퍼스널브랜딩에 가장 어울리는 숫자는 '유일함'일 것이다.

매력적인 사람은 어떤 사람일까?

▶ '다음'이 궁금한 사람

퍼스널브랜딩을 좀 더 쉽고 직관적인 말로 바꾸는 데 진심이다. 그래서 붙들고 있는 단어가 '매력'이다. 여느 때처럼 유튜브를 보다가 이 단어를 떠올렸다. 같은 주제를 다루는데 왜 어떤 채널은 구독자가 늘고, 어떤 채널은 조회수만 반짝 늘고 마는 걸까. 유튜버 A는 어느 날 갑자기 그간 해왔던 것과는 전혀 다른 콘텐츠를 보여줘도 환영받는데, 왜 유튜버 B는 하던 것 안 하고 다른 컨셉으로 바꿨다고 구독자들의 저항을 받는 걸까. '좋아요' 수는 매력과 비례하는 걸까. 계속 이렇게 질문하다간 퍼스널브랜딩을 자꾸 숫자와 엮어서 오해할 것 같아, 거칠게라도 매력적인 사람을 정의해보기로 했다.

우선 아주 평범하지만 모두가 인정하는 답을 해보자면, 웃긴 사람은 매력적이다.

매번 생산적이고 즐거운 이야기만 할 수 없는 게 인생이다. 누구나 듣기 싫은 불평불만, 한심한 에피소드라도 재미있게 이야기하면 밤새 들을 수 있다. 포인트는 깔깔 웃기는 것만이 재미가 아니라는 것. '웃프다'는 말이 왜 있겠나. 웃다 보면 평소 관심 없던 주제에 흥미가 생기고, 듣다 보면 깊이 공감하며 슬퍼하기도 하고, 그러다 그다음 이야기가 궁금하니까, 또 보고 싶고. 그런 사람을 한마디로 설명하는데 매력이라는 말 외에 다른 말을 찾지 못했다.

아주 주관적으로 답해보자면, 수용도가 높은 사람도 매력적이다. 수용도가 높은 사람도 웃긴 사람처럼 '그다음'이 궁금하기 때문이다.

타인의 의견을 잘 수용하는 태도가 무조건 바람직하다는 뜻은 아니다. 그보다는 정보나 새로운 견해를 잘 받아들이면서 자신의 생각, 견해를 정리하고 확실하게 전달하는 것까지 해내는 것에 가깝다. 자기 생각을 열심히 확장해가는 사람을 만나면 지난번과 이번이 얼마나 다를지 섣불리 예측할 수 없다. 그래서 그 사람의 생각이 궁금해진다.

　무언가를 잘하는 것보다 매력적인 사람이 되는 게 훨씬 더 어려운 것 같다. 내 정의에 따르면 매력적인 사람은 자신이 잘하는 것으로 캐릭터를 드러내다가도 상황에 맞춰 유연하게 자신을 **변주하는 사람**이다. 본업, 부업, 취미, 특기처럼 그 사람의 삶 전반에서 볼 수 있고, '그 사람답다'는 말과 닮았다는 점에서 매력은 퍼스널브랜딩과 비슷하게 느껴진다.

자기 것을 일관성 있게 지키면서
변주해나가는 브랜드가 매력적이듯이,
고유함을 잃지 않고
보편성을 이해하는 사람을 보면
매력을 느낀다.

진짜 매력 있는 사람은
자신의 강점을 잘 알고 보여줄 줄 알면서도
타인을 이해하고 배려할 줄 아는 사람,
나와 다른 사람들의 사이에서
균형을 잘 잡는 사람 아닐까.

요즘 연애 프로그램은
왜 이렇게 재미있는 걸까?
▶ 다양한 인간 군상을 보여주니까

'그다음'이 너무 궁금해서 끊을 수 없는 것, 연애 프로그램이다. 출연자들끼리 질투도 하고 뒷담화도 하고, 때때로 열받고, 좋으면 좋아서 울고, 싫으면 싫어서 뛰쳐나가고… 나도 저 상황에선 저렇게 행동할까 상상하면서, 저러지는 말자고 짜증 내며 다짐도 하고, 최애 출연자에 공감해 과몰입하면서 본다. 그러면서 인간이 이렇게 솔직한 존재인지 새삼 놀란다. '여기서 너는 진짜 사랑만 해'라고 판을 깔아주면, 이렇게나 **욕망과 본능**에 충실할 수 있는지. 일상에서 우리는 어디까지 솔직할 수 있는지 궁금하기도 하고.

시청하는 걸 넘어서 연애 프로그램을 주제로 대화하다 보면 그 궁금증을 간접적으로나마 해소할 수 있다. 서로 잘 안다고 생각했던 내 주변 사람이 나와 얼마나 다른지 알게 되는 재미가 있달까. SNS에서 화제였던 〈나는 솔로〉 15기 때 일어난 '다금바리 사건'만 해도 그렇다. 남녀가 데이트하다가 여자가 딱 두 점 있는 다금바리 회를 홀랑 다

먹어버리자, 남자가 인터뷰에서 '그 귀한 생선을 혼자 다 먹었다'고 언급한 상황이다. 나는 그런 말을 굳이 하는 남자가 너무 찌질하다고 생각했는데 남편은 남자가 그런 일을 다른 사람에게 말하고 다닌 건 찌질하지만 여자가 배려 없는 것은 사실이라고 했다. 찌질함이든 배려 없음이든, 모두 사실은 사실이었다.

다금바리 사건이 아주 단적인 예라면(편집하는 과정에서 조금 과장되었을지언정), 평범한 예도 있다. 자기소개를 할 때 직업을 밝히거나 어디에 어떤 집을 소유하고 있다고 말하기 전후, 사람들의 마음이 확 바뀌는 모습이 그렇다. '일주일 안에 사랑을 쟁취해야 한다'는 극한(?)의 상황에서 무엇이 우리 삶에서 얼마나 중요하고 중요하지 않은지, 새삼스레 바라보게 된다. 이것저것 조건을 재는 것이 당연한 프로그램이지만 너무 따지는 사람은 매력이 없다고 느낀다. 그러다가도 솔직하게 자기표현 잘하고 그 안에서 어떻게든 자신의 짝을 찾아가는 걸 보면 위안도 된다. 그들도 나도 이런 인간이라서, 더 재미있고 좋은 걸지도 모른다.

'다금바리 사건'이 너무 한물간 것처럼 느껴져서 새 에피소드를 덧붙이려고 보니, 어쩜 이렇게 매회가 레전드일 수 있는지… 도저히 그 속도를 따라갈 수 없을 것 같아서 여기서 멈춘다. 혹시 〈나는 솔로〉 안 보신 분 있다면 보고 만나서 이야기합시다. 와, 진짜 이번 편도 레전드네!

내가 좋아하는 브랜드의 공통점

▶ 내 삶을 점검하게 해준다

좋아하는 브랜드를 꼭 집어 말하기 어려울 정도로 요즘에는 매력 있는 브랜드들이 차고 넘친다. 매력을 단 하나로 규정하기 힘든 만큼, 브랜드의 매력도 여러 가지로 정의할 수 있을 것이다. 매출이 잘 나오는 브랜드는 그 이유만으로 훌륭하고, 작은 브랜드는 자기만의 색깔로 눈길을 끌고, 힙한 브랜드는 무심하지만 멋있는 매력이 있고….

그중 내가 멋있다고 느끼는 브랜드는, 일관성 있는 메시지를 전하면서도 적절히 다양하게 변주하는 브랜드다. 사람으로 치면 묵묵하고 성실하게 일하면서 적절하게 변신도 잘하고 그 와중에 꾸준히 성장하는 사람이라 해야 하나. 갑자기 기존의 활동을 확 바꾸거나 너무 트렌드만 쫓아가는 브랜드는 난해하게 느껴지고, 그렇다고 똑같은 것만 계속하는 브랜드는 멋이 없어 보인다. 시대는 늘 변화하고 있으니까.

일관성을 지키면서 변주를 주는, 성장하는 브랜드가 매력적인데, 이때의 성장은 꼭 양적인 성장만을 의미하지는 않는다. 어떨 땐 양적인 성장과는 거리가 먼(?) 브랜드를 만날 때 반갑다. 세상의 속도나 크기와 무관하게 자신이 가고자 하는 방향에 충실한 브랜드들이다. '브랜드를 만들고 좋아하는 일 자체가 내가 가고자 하는 길을 선택하는 일과 같다'던 매거진 〈B〉 김명수 대표님의 말씀도 생각난다. 그래서인지 좋은 브랜드를 만날 때면 나도 모르게 내가 가고 있는 삶의 방향을 점검하게 된다.

요즘 브랜드 중에 콕 집어 말하자면 '마더그라운드'와 '희녹'이다. 마더그라운드는 제작원가를 공개하기도 하고, 유통과정을 덜어내는 데 힘쓴다. '보부상'이라는 이름과 컨셉으로 팝업스토어를 열었을 때는 대표님 혼자 여러 지역을 다니시기도 했다. 희녹은 자연에 대한 마음을 '라이프 에티켓'이라는 자기만의 기준으로 선보이는 브랜드다.

두 브랜드 대표님들의 속마음까지 내가 알 수는 없겠지만, 적어도 밖에서 볼 땐 덜 불안해 보인다. 조급해하지 않고 자신의 원칙대로 일관되게, 때론 변주하며 나아간다. 너무 빠르지도 느리지도 않게 **지속가능성**을 추구하면서도 자신만의 속도로 사회적 임팩트를 주는 브랜드들. 이는 내가 닮고 싶은, 내가 되고 싶은 모습이기도 하다.

자기만의 길을 꾸준히 걸어간 브랜드는 무조건 응원하게 된다. 그게 얼마나 힘든 일인지 아니까. 예전에는 '어떤 브랜드를 좋아하세요?'라는 질문에 '너무 유명한 브랜드는 하나마나한 답변인가' 싶었는데, 지금은 나이키나 애플도 여전히 좋아한다고 당당히 말한다. 큰 브랜드들 역시 긴 세월 동안 그 규모와 속도를 지키면서, 치열한 경쟁에서도 자신의 길을 오롯이 걸어온 사람 같아서 멋있기 때문이다. 과연 나는 그렇게 할(살) 수 있을까?

브랜드 콜라보,
어떻게 해야 할까?

▶ 혼자만 잘 살믄 무슨 재민겨~

'콜라보레이션의 시대'라고 해도 과언이 아니다. 왜 브랜드들이 이렇게 열심히 콜라보레이션을 하는 걸까? 두 브랜드가 만나서 재미있고 새롭고 의미 있는 결과물을 만들기 위해서 하는 거 아닐까? 콜라보레이션이 잘되면 '1+1=2'가 아니라 '1+1=3' 이상의 에너지를 내는 것 같다. 혼자 일하는 것보다 두세 명이 함께 모여 일하면 더 나은 결과를 내는 것과 비슷하다.

그래서 잘된 콜라보레이션은 레퍼런스 수집 이상의 의미를 지닌다. 오래 들여다보고 있으면 팀워크, 서로 갖지 못한 강점을 조합하는 법 등을 배우게 된다. 콜라보레이션을 잘하려면 각자의 장점과 부족한 점도 스스로 잘 파악하고 있어야 한다. 동시에 상대방을 존중할 줄 아는 마음도 가져야 한다. 나만 잘났다는 태도로는 절대 좋은 시너지를 낼 수 없으니까.

콜라보레이션은 '협력'이다. 협력은 '힘을 합하여 서로 돕는다'는 뜻이다. 브랜드 콜라보레이션이 너무 흔하고 유행처럼 되어버린 게 가끔은 아쉽지만, 일단 브랜드 콜라보레이션은 아름답다. 그 자체로 마음에 맞는 동료를 찾고 서로 협력하는 과정을 떠올릴 수 있기 때문이다. 전우익 선생님의 "혼자만 잘 살믄 무슨 재민겨"라는 책 제목처럼 내게 콜라보레이션은 혼자가 아닌 함께 재밌게 사는 행위다.

돈도 중요하지만 돈보다 더 중요한 것. 결국 혼자만 살아서도, 살 수도 없는 세상이라는 걸 잊지 않으려 한다.

레퍼런스, 얼마나 찾고
어디까지 활용해야 할까?
▶ 남들이 다 하는 것에서 벗어나는 과정

새로운 기획을 많이 내야 하는 마케터에게 레퍼런스 수집은 피할 수 없는 과제다. 무조건 남의 것을 참고하겠다는 건 아니지만, 좋은 영감을 굳이 외면할 이유도 없다.

다만 사람 생각은 대체로 비슷해서 분명 신선한 아이템이라 확신하고 해보려고 하면 누군가 이미 하고 있을 때가 많다. 어디를 다니든 '어? 이거 저기서 본 거랑 비슷한데?' 싶은 곳들도 점점 많아진다. 서로가 서로를 참조하면서 '당연히 해야 하는 것들'의 리스트도 자연스레 늘어난다. 포토존이나 포토부스, 계절에 어울리는 굿즈, 그 장소에서 떠오른 감정이나 생각을 바로 적어볼 수 있는 약간의 필기구들… 나아가 팝업스토어, 굿즈, 커뮤니티 이벤트….

다르게 하고 싶어서 시작한 일인데, 모두 같은 일을 하고 있다.

팝업스토어든 마케팅 활동이든 '당연하게 하는 것'이 많아질수록 동종업계의 레퍼런스는 아예 외면할 줄 아는 용기도 필요하다. 남들과 다른 영역에서 영감의 원천을 찾으려 시도해야 한다. 다소 낯설어 보여도 말이다. 그 과정에서 '1+1=2'가 아닌 '1+1=3'을 해내는 법을 찾아낼 수 있지 않을까.

물론 말처럼 쉽진 않다. 유튜브의 썸네일과 제목을 정할 때에도 자꾸 내가 하고 싶은 대로 안 하고 잘된 유튜브 썸네일, 제목을 참고하게 된다. 늘 조회수 높이고 싶은 자아와 자연인 이승희의 자아가 싸우는 중이랄까. 그래도 남의 것 따라 하지 말자. 멋없잖아!

회사 일을
내 일로 만들어가는 방법

▶ '도대체 이걸 왜 하는 거야?' 싶을 때마다…

최인아 대표님의 《내가 가진 것을 세상이 원하게 하라》를 읽으면서 많은 부분에 밑줄을 그었다.

올바른 질문은 '이곳에서 내가 원하는 일을 내가 원하는 방식으로 할 수 있는가?'입니다. 이에 대한 생각을 먼저 정리해야 해요. 여러분의 기준으로 문제를 바라보는 '프레임'을 새로 짜보는 거예요. 사실 문제의 핵심을 찾아 고민하고 답을 찾는 건 굉장히 어려운 일이며 또한 용기를 필요로 합니다. 자신과 정면으로 마주해야 하니까요. 왕왕 자신의 문제를 환경 탓으로 치워버리는 경우가 있습니다. 그렇게 하는 편이 편하고 쉽거든요. 하지만 이는 실제 문제는 그대로 둔 채 고개만 돌리는 거죠. 고민을 회피하는 것이나 마찬가지입니다.

_최인아, 《내가 가진 것을 세상이 원하게 하라》,
해냄출판사

이 질문도, 밑줄도 내 식대로 이해해보면 '지금 회사에서 내가 하는 일을 내 사업이라고 생각한다면, 어떻게 할까?'이다. '나중에 내가 내 돈 주고 사업하려면 어떻게 해야 할까, 이 일에 어느 정도 리소스를 써야 할까?' 이렇게 질문하는 것만으로도 자세를 고쳐 앉게 된다. 지금 내가 회사에서 하는 일에 점수를 매기기보다, 이 경험들이 쌓여서 미래의 나에게 도움을 줄 거라는 믿음을 가져보자. '자기 확신'만큼 유능한 지혜는 없다.

버틸까, 이직할까

▶ 살면서 한번은 버텨야 한다면,
　내 식대로 버텨야지

수많은 직장인들이 고민하는 그것, 퇴사와 이직. 직장인이
되기 전에는 어떻게 하면 이 회사에 입사할 수 있을지, 취
업할 수 있을지 고민하고 노력했는데… 언제 그랬냐는 듯
'퇴사하고 싶다'라고 생각하는 게 어떨 때는 참 웃프다. 희
미하나마 있던 웃음기도 사라질 만큼 힘들 때면 그냥 버틸
것이 아니라 회사 일을 하면서 **나만의 데이터**를 쌓아야 한
다고 스스로를 설득한다.

　가령 광고를 하나 집행할 때도 그렇다. 광고 결과 클릭당
600원이 들었다면, 이때의 600원은 효율이 좋은 걸까 나
쁜 걸까? 모른다. 그냥 '클릭당 600원'이라는 사실만 있을
뿐. 이번에는 예산 100만 원으로 광고를 집행했는데 클릭
당 600원의 비용이 들었다고 하자. 이때의 효율은 어떨까?
모른다. 하지만 이번 결과를 챙겨두면 다음 번의 기준으로
삼을 수 있다. 똑같이 100만 원을 들였는데 클릭당 어느
정도의 비용이 드는지, 그만할지, 더 할지, 다른 방법을 찾

을지 말이다. 내 기준을 찾기 위해선 가설을 세우고 테스트해보고, 틀렸다면 수정해서 또 해보고 계속 경험하는 수밖에 없다.

꼰대 같은 말이지만 인생에 버텨야 하는 시간은 필요하다. '이직 많이 하면 안 돼, 그래도 회사에 들어갔으면 2, 3년은 버텨야지' 이런 식의 버티기를 말하는 것이 아니다. 이때까지와는 다른 버티기, 그러니까 자신만의 기준과 신념, 가치관에 근거한 버티기가 필요하다.

우선 내가 이 회사에서 힘든 이유가 내 성향 때문인지, 회사에 문제가 있는지를 제대로 보기 위한 시간이 필요하다. 제대로 보지 않거나 볼 새도 없이 '불편하다' '마음에 들지 않는다' 등 모호한 기분만 갖고 변화를 시도한다면, 그냥 그 회사에 다녔다는 사실만 남고 내게 남는 게 없다. '고인 물은 썩는다'는 말도 맞지만, 고여야 흐를 수 있는 게 물이기도 하니까.

  어느 정도 버티고, 언제 새로운 시도를 할지에 대해서는
또 다른 기준이 필요할 테다. 나도 아직 헤매는 중이지만
그래도 좀 덜 실패하도록, 혹은 젊을 때 한 번이라도 더 빨
리 실패하도록, 실패하더라도 타격이 작도록, 많은 이야기
를 읽고 듣고 시도하려 한다. 그래서 늘 분주하다. 정말로!

내가 꼰대일까?

▶ 꼰대와 어른을 구분할 줄 아는 나이

꼰대가 유쾌한 단어는 아니지만, 요즘 자주 거론되는 건 분명하다. '젊은 꼰대'라는 말도 있으니 꼰대는 나이와는 상관없어 보이기도 하고, 어떨 때는 쓴소리든 잔소리든 자신이 듣기 싫은 말을 하는 사람을 칭하는 말이 되었나 싶기도 하다. 여러 조건을 꼼꼼히 살피고 따진다고 해도 꼰대다, 아니다를 판단하기는 어렵다.

각자의 기준이 중요할 텐데 내 기준은 상대방의 말을 **듣는 태도**다. 상대방의 말을 들으려고 하느냐 아니냐의 차이. 상대방의 말을 듣고 변하느냐 안 변하느냐를 따져 묻는 것은 아니다. 사람은 누구나 바뀌기 어렵고, 당장 바뀌는 것도 쉽지 않으니까.

그럼에도 계속 다른 사람의 말을 경청하는 자세가 결국에는 큰 차이를 만든다고 믿는다. 똑같이 자신의 방법을 고수하더라도, 누구는 '꽉 막혔다'는 평가를 받고, 누구는 '장인'이라 불린다. 귀를 닫고 내 방식이 최고라 믿는 것과 다른 이들의 의견을 들으면서도 자기만의 방법을 지키며 뚜벅뚜벅 나아가는 것은 전혀 다른 이야기다. 겉으로는 같아 보여도 다른 아우라를 풍긴다는 걸 우리는 본능적으로 안다. 그런 사람을 꼰대가 아닌 '어른'이라 부른다.

누군가를 섣불리 꼰대라 부르는 횟수가 줄어든다. 나 역시 상대방의 말을 듣지 않으려 하는지부터 생각하기 때문이다. 이렇게 어른이 되는 걸까?

일 잘하는 워커 vs.
일 잘하는 마케터
▶ 일잘러에 대한 갑론을박은 계속된다

'일잘러'라는 말이 지금처럼 아주 흔해지기 전, 일 잘하는 워커와 일 잘하는 마케터는 크게 다르지 않아 보였다. 결국 같은 의미길 바란 적도 있다. '(언제, 어디서든) 일을 잘하고 싶다'는 마음이 나쁜 건 아니니까. 건강한 욕심이니까.

하지만 "이승희 씨는 무슨 일을 잘하는 사람인가요? 어떤 일을 하는, 어떤 사람이죠?"라는 질문을 받을 때면 쉽게 혼란스러워졌다. 잘한다는 기준이 어디까지인지 모르고, 뭐든 웬만큼 다 잘한다고 할 수도 없었다. 무엇보다 계속 창의적으로 일하고 싶은데 내가 무얼 하는 사람인지 정의하는 순간 그 프레임에 갇힐 것 같았다. 가령 마케터는 브랜드의 모든 과정에 존재하고 관여하는 사람일 텐데 '인스타그램 콘텐츠 만드는 사람' '그로스 마케터'로 정의한다면, 나의 역할에 한계를 짓는 것이라 생각했다.

이 고민에 대한 답을 《말랑말랑 생각법 : 일도 삶도 바뀌잖아》의 저자 한명수 님에게서 얻었다.

"우리가 무언가를 정의하는 이유는 커뮤니케이션을 잘하기 위한 거예요. 서로의 정의를 꺼내놓고 생각의 합을 맞춰야, 싱크로율을 높여야 커뮤니케이션을 잘할 수 있겠죠. 프레임을 정해놓고 시스템을 만들자는 게 아니에요."

이 말을 듣고 나니, 일 잘하는 워커는 자신을 잘 정의하는 사람, 자신이 무엇을 잘하는지 아는 사람에 가까워 보였다. 즉 자신의 핵심역량을 잘 파악하고 활용하는 사람이다. 물론 내가 생각하는 나의 핵심역량과 남들이 생각하는 핵심역량이 일치해야 하겠지만.

일 잘하는 마케터는 조금 다르다. 협업을 잘하고 실무를 잘하는 것은 너무 당연한 기준이다. 이에 더해, 시장을 제대로 파악하는 노력과 능력을 갖춘 사람이라고 생각한다. 맥락을 잘 파악하고, 그 맥락 속에서 타이밍을 잘 잡는 사람. 그래서 나는 일 잘하는 마케터는 **부지런한 사람**이라고 생각한다. 어느 영역에서나 필요한 태도지만, 마케터는 특히 더 귀찮아하는 기준이 아주 낮아야 한다. 다른 사람들은 당연하게 여기는 것마저 다시 살펴보고, 의심하고, 질문해야 한다.

언젠가 프로모션 페이지 기획을 맡고 있는 동료가 '친구에게 공유하기' 버튼에 대해 딴지를 건 적이 있다. 친구가 없는 사람도 있는데 왜 이벤트 페이지 밑에는 늘 '친구에게 공유하기' 버튼이 따라다니냐는 거다. 가족도 있고, 나에게 공유해도 될 텐데. 그 동료는 결국 '친구에게/가족에게/나에게 공유하기'라는 버튼을 넣었다. (귀찮지만) 이런 발상이 디테일을 살린다고 생각한다.

평소 '일 잘하는 워커는 일 잘하는 마케터인가?'라고 스스로 여러 번 질문했다. 일을 잘하는 사람(일잘러)이 되는 것도 참 어려운 일이지만 거기에서 멈추고 싶지 않기 때문이다. '마케팅 일 잘하네'라는 이야기까지 듣고 싶기 때문이다. 하지만 직장에서 일을 잘한다고 마케팅까지 잘하는 것 같지는 않았다. 좋은 결과물을 내는 것은 모두에게 중요하지만, 일이 진행되는 중간중간에 의심하고 '왜'라고 질문하는 것에 대한 시선은 다 달랐기 때문이다. 나는 이 질문이야말로 일 잘하는 마케터라면 꼭 해야 하는 질문이라고 생각한다. 그래서 호기심을 놓치지 않으려, 귀찮더라도 계속 질문하려 한다.

진짜 뭐든지 해봐야 안다.
내가 무엇을 잘하는지 아는 것도,
내 핵심역량을 활용하는 것도
해보는 게 우선이다.

마케터라고 모두
콘텐츠를 잘 아는 것도 아니다.
늘 해보고 몸으로 부딪쳐봐야 안다.

창의적인 마케터는
어떻게 일할까?

▶ 창의성을 의식하는 순간
   창의적인 것과 거리가 멀어지는데…

많이 고민한 것 같은데 답을 찾지 못하는 날들이 길어지던 질문이었다. 하지만 셀프 인터뷰를 하다 보니 답은 가까이 있었다. 창의적인 마케터가 일하는 방식은 결국 좋은 브랜드의 행보와 다르지 않다. 아니, 아주 비슷하다.

우선, 둘 다 같은 걸 되풀이하지 않으려 한다. 캠페인도, 팝업도, 굿즈 마케팅도 지난번에 했던 건 가능한 피한다.

그렇다고 지나치게 새로운 것만 추구하지 않는다. 아주 큰 변화는 화제가 될 수는 있지만 금방 사라지거나, 너무 앞서가서 사람들에게 받아들여지지 않을 확률이 높기 때문이다. 대중은 늘 독특하고 새로운 걸 원하는 것 같지만, 익숙한 것을 조금씩 변주해야 반응하는 사람들이다.

결국 마케터의 창의성은 **꾸준함**에서 나온다고 생각한다. 창의성과 꾸준함이라니 뭔가 밸런스가 안 맞는 느낌이지만, 꾸준히 새로운 것을 시도하면서 자기다움을 찾아가는 것만큼 창의적인 것은 없다.

같은 맥락에서 창의적인 마케터는 계산을 잘해야 한다. 1에서 10을 만드는 건 혁신이지 크리에이티브가 아니다. 1이 1.5나 2만큼 가닿게 하는 것, 마케터의 크리에이티브는 딱 반걸음만 앞서면 충분하다.

영감을 어떻게 활용할 수 있을까?

▶ '보는 것만 고수'가 되지 말기

'영감은 어떻게 활용할 수 있나요?'라는 이 질문을 다르게 해보자. '누군가 숭에게 빈 공간을 주고 채워보라고 하면 그간 모은 영감 중 어디까지 활용할 수 있나요?'이다. 답부터 하자면, 매우 어렵다. 우리 집 인테리어 할 때 정말 어려웠다. '저 가구 예쁘네' '이런 포스터를 붙이면 느낌 있네' 등 조각조각, 단편적으로는 멋진 장면을 알고 있다. 하지만 그건 그 사람의 그 공간에서나 어울리는 것이지, 보기 좋다고 우리 집에 다 들였다가는 물건 자체의 매력마저 없애버릴 터였다.

내가 사는 집도 꾸미기 어려운데, 다른 사람이 쓸 공간을 구현하는 건 아무리 좋은 물건과 영감, 레퍼런스를 모아둔다 해도 쉽지 않다. 그래서 더욱더 많이 해보는 방법밖에 없다고 생각한다. 좋은 것을 모아두지만 말고, 완성하지 못하더라도 시도해보기, 결과물이 나오기까지 과정 하나하나를 머릿속으로 시뮬레이션이라도 해봐야 한다.

공간이라는 예가 막연하게 느껴진다면 다른 예도 있다. 잘 만든, 말 그대로 세련된 유튜브 영상만 봐도 직접 해보기의 중요성을 실감한다. 자막 서체, 음악, 필터 등 보이는 건 많지만 그걸 내 유튜브에 바로 적용하는 것, 생각보다 쉽지 않다. 막상 해봤는데 나의 모습이나 말투와는 어울리지 않을 수도 있고, 어울린다 해도 내 것으로 소화하는 데에도 시간이 걸린다.

공간이든 유튜브든 일상의 더 작은 일이든, 영감을 구현하는 건 많은 시간을 필요로 한다. 영감을 구하고 모으는 시간만큼 아니, 그 몇 배 이상으로 직접 해보고 따라 해보면서 내 경험으로 쌓아야 한다.

'보는 것만 고수'라는 말이 있다. 예민한데 게으른 족속들한테 일어나는 현상이다. 너무나 다양하고 많은 체험으로 보는 감각만 일류라는 얘긴데, 보는 것

만 일류가 되어서는 머리만 큰 아이로 남아 있을 공산이 크다. 다시 한번 〈매트릭스〉의 로렌스 피시번의 명대사를 언급하자면 '케이크를 보는 것과 맛보는 것은' 커다란 차이가 있기 때문이다. 혹시 예민하고 게으른 족속들 중에 실재는 없고 보는 감각만 일류인 친구들이 있다면, 그래서 괴롭다면, 조금만, 조금만 더 움직여보라고 말하고 싶다.

_김지운, 《김지운의 숏컷》, 마음산책

천만다행인 건 나 혼자가 아니라는 사실. 그 경험을 공유해주는 동료들이 있다. 아이디어를 엉망진창으로 이야기해도 찰떡같이 알아듣고 방법을 찾아주는 사람들에게 고마울 따름이다. 가장 최고의 영감, 영감의 핵심은 사람에게서 나온다.

　요즘엔 좋은 것을 보면 주변 사람들에게 많이 물어본다. '어떻게 일하면 이런 결과물을 만들 수 있을까?' 궁금하니까. 가령 자주 가는 카페나 식당의 사장님들, 다른 직군에서 일하는 친구나 기억에 남는 프로젝트를 진행한 다른 회사 마케터나 디자이너 등, 가까운 사람이든 처음 보는 사람이든 가리지 않고 물어본다. 다만, 이것저것 무조건 물어보는 게 아니라 좋다고 느낀 부분을 구체적이고 집중적으로 물어본다. 좋은 이유나 감상도 꼭 전하면서 말이다.

　요즘엔 검색만 잘하면 (그 브랜드에 대한) 웬만한 정보는 다 있다. 내가 알고 싶은 것은, 검색해도 나오지 않는 것들, 가령 비하인드 스토리나 결과물에 이르기까지 고민한 과정에 관

한 것들이다. 순순히 답해주냐고? 물론 조금이라도 불편해
하는 사람에게는 물어보지 않지만 대부분 좋아하신다. 무
언가를 생산하는, 만드는 사람들은 아주 작은 것에도 자기
만의 이야기를 입힐 줄 알고, 그 이야기를 들려주기 위해
만드는 것이기도 하니까.

　물론 너무 잘하는 사람들을 보면 질투가 날 때도 있다.
질투라는 감정을 느끼면서 상대방에게 물어보는 게 실례
인 것 같아서 그냥 넘어갈 때도 있었지만, 지금은 그렇지
않다. 질투하는 게 나쁜 건가? 질투도 얼마든지 건강한 동
력이 될 수 있다. 누군가를 마냥 부러워하는 데 그치지 않
고, 자괴감도 느끼고, 배우기도 하고, 영감을 받아서 나아
갈 수 있는데. 특히 내가 잘하고 싶은 영역인 마케팅과 공
간 기획 분야에서는 좀 더 적극적으로 질투하려 한다. 그
일을 더 잘할 수 있는 원동력이 되는 선에서. 경쟁사도 마

찬가지다. 누군가를 이기겠다는 마음보다는, 내가 속해 있
는 분야에서 잘하고 싶다는 정도까지만 마음먹으려 한다.

부러운 사람

▶ 부러워하는 이유가 뭘까?

인스타그램을 잠깐만 봐도 부러운 사람 백 명을 댈 수 있을 것 같다. 그만큼 누군가를 부러워하기에 딱 좋은 시대니까 그러려니 하고 넘기려 하다가도, 내 마음대로 안 된다. 다른 사람에게 말하기는 왠지 창피하고, 그러다 몇 날이고 부러운 마음에 사로잡힐라치면 일단 메모장에 적어둔다. '몇 월 며칠, 무엇 때문에 이 사람이 부러웠음.' 그리고 몇 달 후에 또 다른 사람이 부러워서 메모하러 들어갔다가, 새삼 놀란다. 내가 적긴 했는데 도대체 '이렇게 적을 정도로 부러워할 일인가' '왜 그렇게 부러워했지?' 싶은 거다.

부러움에도 가짜 부러움과 진짜 부러움이 있는 것 같다.

평소 관심이 없는 주제인데도 곧바로 눈길을 사로잡고, 보자마자 바로 부럽다고 느껴지는 것들이 있다. 순간적인 부러움이니만큼 금방 잊거나, 메모장에 적는 것만으로도 풀리는 마음은 가짜 부러움이다.

반면 잊을 만하면 다시 생각나고 당장 눈앞에 보이지도 않는데 마음 한편이 시린 부러움이 있다. 한때 내게는 조직문화, 팀워크 좋은 회사에 다니는 사람들이 그랬다. 사람들이 알아주는 멋진 조직문화 속에 일한 적이 있는 만큼 '아는 맛'이어서 더 부러웠다.

지금은 회사에서 나와 자기만의 방식으로 일하며 성장하고 변화하는 사람이 부럽다. 자기다운 브랜드를 만들고 자신의 속도대로 나아가는 사람. 구체적으로 누군가를 떠올리지 않아도, 내 주변 어딘가에 그런 사람이 있다고 생각만 해도 부럽다. 얼마나 부러우면 대상도 없는데 부럽다고 느낄까. 이것이야말로 진짜 부러움 아닐까.

진짜 부러움은 일부러 떨쳐내지 않고 자꾸 생각하려 한다. 더 가까이 가고 싶어서.

인플루언서의 존재감 vs.
마케터의 존재감

▶ '그 애 있잖아, 그 애, 요즘 그거 하는 그 애'

종이비행기만 날려서 세계 챔피언이 될 수도 있는 세상, 사람마다 자기만의 존재감을 만들어가는 방식은 모두 다르다. 자신이 잘하는 것, 좋아하는 것, 꾸준히 하는 것 등을 가장 효과적으로 담을 수 있는 SNS를 고른다. 사진이면 사진, 영상이면 영상, 음성이면 음성 등 그 채널의 가장 큰 특징을 활용해 포장하고 표현하는 것은 요즘 시대에 존재감을 가지기 위해 보편적으로 필요한 능력이다.

여기서 오해하지 말아야 할 게 있다. '포장하다' '표현하다'는 말에서 풍기는 뉘앙스 때문인지, 존재감이라고 하면 대중적 인기나 대세감을 먼저 떠올리는 것 같다. 그것도 틀린 말은 아니지만, 내가 말하는 존재감은 단순히 개인의 인기라고만 할 수 없다. 뭐랄까, 인기는 많지만 존재감이 없을 수도 있고, 인기는 없어도 존재감은 가질 수 있다.

이를테면 유튜브 채널 '피식대학'에서 내가 가장 부러워하는 사람은 코미디언들보다도 올리는 콘텐츠가 터질 때마다 성취감을 느낄 PD 쪽이다. 어떻게 콘텐츠를 기획하고 만들고 이러한 결과를 예상했는지, 예상하지 못했다면 어느 과정에서 조짐이 보였고, 이렇게 오기까지 무엇을 수정하고 새로 도입하고 고민했는지 듣고 싶은 이야기가 한두 가지가 아니다. 피식대학 채널에서 그의 얼굴은 본 적 없지만 나에게 그의 존재감은 크다. 피식대학이 아닌 다른 결과물에도 담기길 마련인 그의 시도와 성공, 고민과 작업 스타일이 궁금하다.

내가 바라는 존재감의 정체는 무엇일까. 인스타그램 게시글에 '좋아요'를 눌러주는 것 자체도 너무 감사한 일이지만 내가 공들여 만든 콘텐츠에 반응해줄 때 조금 차원이 다른 행복이 느껴진다. 기록과 관련된 콘텐츠나 전시를 준비하는 사람들이 나를 떠올려주는 것과 비슷한 맥락이다. '기록 열심히 하는 그 애 있잖아, 그 애'라는 말에서 그 애,

기록하는 이승희, 영감 찾는 이승희.

'그 애 있잖아, 제철음식 잘 챙겨 먹고 정갈하게 사는 젊은 그 애' 하면 가장 먼저 떠오르는 사람, '건강하게 사는 삶'이라는 주제에서 존재감 있는 사람이 내겐 바로 무과수(@muguasu)다. "내가 유명해지지 않아도 괜찮으니 내가 전하고 싶은 메시지가, 몸과 마음 모두 건강하자는 이 말이 모든 사람들 마음에 새겨졌으면 좋겠어." 몸과 마음을 건강하게 만들고 유지하기 위해서 챙겨야 할 게 너무 많아서 잠시 헷갈릴 뿐이지, 무과수의 메시지는 언제나 이것 하나였다.

그도 북토크나 강연장에서 많은 질문을 받는데 한번은 카피캣에 대한 질문을 받았다고 한다. 무과수의 답은 간단했다. "다른 사람이 내 것을 카피한다고 상상해봤는데, 난 너무 좋을 거 같아. 결국 몸과 마음을 건강하게 돌보자는 메시지를 전하는 거잖아? 나 혼자 하기에는 한계가 있으니까 오히려 많이 동참해줬으면 좋겠어."

'혼자 하기에는 한계가 있다'는 그의 말을 기록해뒀다.

인플루언서는 오로지 자기 자신을 통해 영향력을 만들어낸다면 마케터는 그 시장에서, 그 시장을 만들어온 이들과 함께 임팩트를 만든다는 차이가 있다. 유명한 인플루언서가 아니라 일 잘하는 마케터로서 존재감을 갖고 싶은 이유도 여기에 있다. 내가 혼자서는 못하는 일이라서 함께하는 것에 가깝다. 커피 업계든, 배달 업계든, IT 업계든, 그 큰 업계를 나 혼자 좌지우지할 수는 없지만 뜻 맞는 사람들과 함께 모여 좀 더 나은 방향으로 임팩트를 주고 싶다. 그때 나의 존재감이 도움이 되었으면 더할 나위 없겠고.

낯가림 극복하는 법
▶ 낯가리는 내가 가장 불편하니까

낯가림을 없애고 싶다는 마음이 있는 사람은 해낼 수 있다. 너무 낯을 가려서 이걸 극복해야겠다고 마음먹지도 못하는 사람도 있고, 우리끼리 하는 이야기이지만 회사만 가면 낯가리는 사람으로 둔갑하는 사람도 있으니까. 낯가림은 기질 같은 거라서 꼭꼭 극복하거나 고쳐야 할 대상은 아니라고 생각하지만, 낯가리는 당사자가 가장 불편하다면 고쳐도 좋을 것 같다. 기질이니 바꾸기 어렵고, 그럼에도 바꾸려 마음먹은 게 대단하고.

나도 MBTI에서 말하는 I와 E가 반반이라 낯을 안 가리려고 노력한다. 전혀 낯 안 가릴 것 같다는 이야기를 많이 듣는 사람으로서 하나 팁을 주자면, 상대방 또는 그 모임에 대해 **사전조사**를 충분히 하면 된다. 그리고 상대방과 이야기하겠다는 열린 마음과 상대방에 대한 호기심을 마구마구 가질 것. 대화를 위한 질문을 많이 하다 보면 어색할 틈이 없다.

I와 E를 오가는 사람으로서 당부할 것도 있다. 사람들에게 질문도 많이 하고 이야기 나누며 즐거운 시간을 보낸 후에는 꼭 집에서 혼자 충전하는 시간을 갖자는 것. 사람들을 만나고 이야기하는 걸 좋아하고 거기서 얻는 것도 많지만, 유일하게 에너지만은 못 얻는 내향적인 사람이라면 더더욱. 내향적인 사람은 에너지만큼은 스스로 충전해야 한다. 다음에도 또 좋은 시간을 갖기 위해서라도 스스로 알아서 틈틈이 에너지 충전해놓기. 낯가림을 극복하기 위해 다른 사람을 신경쓰는 것만큼이나 나에게도 관심을 가져주자. 맛있는 거 먹이면서.

나는 누군가에게
필요한 사람일까?

▶ 오해하지 말자, 나의 쓸모를

누군가에게 '필요한 사람'이라는 것 자체가 오해하기 쉬운 말이라 생각한다. 필요한 사람이 되기 위해 나를 누군가에게 맞춰야 할 것 같고, 사람을 어떤 쓸모로 규정한다는 게 괜히 죄짓는 기분도 든다. 주체적으로 살아야 하고, 자기 캐릭터와 주관이 뚜렷한 게 덕목인 요즘 시대의 흐름에 거스르는 것 같기도 하고.

그렇게 오해하기 쉬울수록 더욱더 사람이라는 존재 자체가 귀중하다는 믿음을 바탕으로, 필요한 사람이 되고 싶다는 마음을 품어야 한다. '누구나 다른 사람에게 필요한 사람이 되고 싶어 할 것'이라고 믿으면 어떠한 의도도 담지 않은 채 '존재 자체가 쓸모'라는 말을 믿을 수 있다.

잘나야 필요한 사람이 되는 게 아니다. 친구나 가족에게 심리적인 응원과 에너지를 불어넣어줄 수 있고, 일을 잘해낼 수 있다고 믿고 노력하는 나 자체가 이미 주변 사람들에게 필요한 사람이다.

태어났으니까 필요한 사람이다. 내가 부족한 부분은 다른 사람이 채워줄 수 있고, 다른 사람의 부족한 부분은 내가 채워줄 수 있다. 다른 사람이 자신의 부족한 부분을 채워달라고 도움의 손길을 내밀 때 나는 기꺼이 그 사람에게 필요한 사람이 될 수 있다. 되도록 더 많은 사람에게 심적, 물리적으로 도움을 줄 수 있는 '올라운더(All-rounder)'가 되고 싶어서 우린 더 노력하고 있는 중이고.

자신이 얼마나 쓸모 있는 사람인지는 스스로가 가장 잘 안다. 나를 잘 알면 다른 사람에게 맞출 것도 없이 그 자체로 필요한 사람이 될 수 있다.

이를테면 나는 나 스스로를 '마케터'라고 생각한다. 이승희=마케터. 그래서 언제나 내 무게중심은 상대방에게 좀 더 기울어져 있다. 상대방의 의견을 유심히 듣고, 취향을 발견할 때, 문제를 해결해줄 수 있는 포인트를 찾았을 때, 나는 더 큰 즐거움을 느낀다. 애초에 나는 상대방을 위해 무언가를 하는 사람, 해주면서 성취감을 얻는 사람이다. 무게중심이 남에게 약간 기울어져 있는 게 나인데, 시대에 맞춘다며 억지로 나에게 무게중심을 가져오려고 하면 그게 더 힘들고 불행한 일 아닐까.

사람은 누군가에게 필요해야 완성되는 존재다. 필요한

사람이라서 행복하다. 나에게 행복이란 그런 것이다. 필요든 행복이든, 계속 나와 다른 사람에게 물어보고 자신의 말로 정의해야 한다. 그렇지 않으면 진심을 전할 새도 없이 우리 삶은 흘러가버린다.

나는 어떤 사람으로 기억되고 싶은가, 그러기 위해 진정 마음을 다하고 있나, 나는 행복한가. **무게중심**을 옆 사람에게 좀 더 기울이며, 말보다 몸과 행동으로 늘 답하고 싶다.

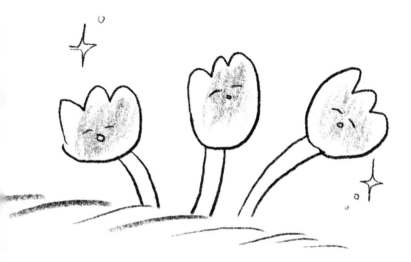

여러 경험으로
사람은 변할 수 있을까?

▶ 사람 고쳐 쓰는 거 아니라고 해서

10년 전, 그러니까 여러 경험을 하기 전과 지금의 나는 얼마나 달라졌을까? 한 가지 분명한 건 10년 전보다는 어떤 일을 하는 데 과감해졌다. 무언가 시도하고 행동할수록 스스로 인생을 바꿔갈 수 있다는 자신감이 쌓였기 때문이다. 다르게 표현하면 '나만의 데이터'가 쌓였달까.

경험이 적거나 전혀 없었을 땐 일단 재밌어 보이거나 흥미로워 보이는 일이면 강행했다. 맨땅에 헤딩한 것이다. 즐거움과 괴로움, 흥미로움과 고통을 동시에 느끼는 시행착오를 겪은 덕에 이제는 어떤 결정 앞에서 '이렇게 하면 조금 힘들 수 있겠다' 정도는 예측할 수 있다. 결정하는 기준도 자연스레 바뀌었다. 기존에 쌓은 데이터를 토대로 예측 가능한 시나리오를 뽑아보고, 좀 더 즐겁고 잘될 만한 일을 택한다.

지금까지의 경험 덕에 조금은 더 영리한 선택을 할 수

있게 되었지만, 동시에 추진력을 잃지 않으려고 노력한다. 맨땅에 헤딩하던 추진력 말고, **노련함**이 더해진 추진력 말이다. 내 마음대로 '노련한 추진력'이라 부르는데, 더 나이가 들어야 쌓을 수 있는 데이터여서 나도 이 경험치는 아직 부족한데, 노홍철 님의 이야기를 가이드 삼는다.

  굉장히 많은 방송을 했고 책방도 열고, 순례자의길도 걷고, 여러 사업을 벌인, 우리가 아는 그 노홍철의 이야기다. 그가 어렸을 때 대기업에 오래 다니다 은퇴하신 아버지가 친구랑 창업하며 모아놓은 돈을 올인하셨다. 그 일이 잘 안 되는 바람에 아버지는 확 움츠러들어 집에만 계셨다고. 노홍철 씨는 그런 아버지를 보며 '아, 나는 그냥 무수히 작은 도전을 해서 실패하더라도 움츠러들지 말아야지'라고 생각했단다. 더 인상 깊은 것은 그 다짐이 지금도 진행형이라는 사실이다.

  무수히 많은 도전을 했던 그도 나이 들어 몸이 힘들어

지는 것은 피할 수 없었다고 한다. 그때 그가 활용한 게 자신만의 경험 데이터베이스다. 옛날에는 10이라는 에너지를 써서 모든 일을 했는데 40대에는 그간의 경험을 바탕으로 무슨 일이든 5라는 에너지만 쓰고도 어떻게 돌아가는지를 좀 알게 되었다고 한다.

그의 이야기를 듣고 어렸을 때 이것저것 많이 해보라는, 경험해보라는 말의 진짜 의미를 알 것 같았다. '나이 들면 그런 거 못 하잖아'가 아니라 '나이 들어 지혜롭게 도전하기 위해서'라는 걸. 나중에 언젠가 내 의지와 상관없이 전력을 다하지 못할 때, 예전보다 절반 정도의 에너지만으로도 추진할 수 있도록 도움을 주는 경험, 그런 경험을 쌓아가고 싶다.

늘 변화해왔지만 10년 전과 변하지 않은 것도 있다. 스스로 움직여야 달라진다는 믿음.

이렇게 나이(만) 먹어도 괜찮을까?

▶ 흰머리의 기쁨

오늘 거울을 보고 깜짝 놀랐다. 정수리에 마치 새싹처럼 흰머리 두 가닥이 삐죽 튀어나와 있어서! 내가? 나에게도? 벌써? 아뿔싸, 흰머리가 나는 나이라니! 마흔 살을 바라보고 있는 지금, 여러 방면으로 나이듦을 느끼고 있다. 눈가의 자글자글한 주름, 자고 일어난 지가 언제인데 사라지지 않는 베개 자국, 좀 느려진 것 같은 반사신경, 시력이 나빠진 것은 아닌데 괜히 침침한 것 같은 눈, 설마, 비오는 날에 관절 아픈 것도?

그런데 나이 든다는 거 나쁘지만은 않다. 10대, 20대 때보다는 조금 더 욕심을 내려놓을 줄 알게 되었다. 무모한 욕심 같은 거 말이다. 쓸데없는 경쟁보다는 내 갈 길을 가면 된다는 생각에 좀 더 쉽게 무게중심을 둘 수 있다. 내가 싫어하는 사람은 만나지 않아도 된다는 단호한 용기도 생겼다. 새로운 일을 시작할 때 조금 더 잘할 수 있겠다는 자신감 같은 것도 생긴 거 보면, 나이 드는 거 정말 나쁘지만은 않다.

얼마 전 〈유퀴즈〉에 나온 배우 김희애 님을 보면서는 나이듦의 안도감, 기대감 같은 것도 느꼈다. 50대라는 나이가 믿기지 않지만 50대가 아니라면 저런 아우라를 가질 수 있을까라는 생각이 들었기 때문이다. 어딘지 모르게 편안해진 얼굴로 그는 "그전에 나에게서 나는 빛은 가짜 빛이었더라고요. 그 안은 썩고 비어 있었어요. 시간이 흐른 지금은 빛은 안 날지언정 제 속에는 단단한 힘이 생겼어요"라고 말했다. 내가 좀 더 어렸다면 '아유, 빛이 안 나긴요~' 했겠지만, 지금은 다르다. 빛이 중요한 게 아니라 단단한 힘이 중요하다는 것을 알 것 같기 때문이다.

'한창 예쁠 때지' '제일 좋을 때야'라는 말을 들은 지가 언제인지… 지금도 누군가는 나를 보며 그런 생각을 할 테고, 나도 나보다 어린 사람을 보며 그런 생각을 할 때가 있다. 단순히 젊음, 외모를 의미하는 것은 아니지만 싱그러움, 풋풋함은 일생의 어느 한 때만 가질 수 있는 것 같다. 그래서 소중한 것이기도 하지만 한편으론 너무 그때만 고평가하는 게 아닐까 싶기도 하다. 싱그럽게 빛나는 시간에 홀려 그다음에 올 은은하게 단단한 시간의 가치를 모르고 지나친날까.

나이 들어야만 알 수 있는 것들이 있는 것 같다. 아니, 바꿔 말하면 치열하게 산 사람들만이 나이가 먹으면서 알 수 있는 것들이랄까. 김희애 배우를 통해서 나이가 든다는 것은 어쩌면 내가 생각하는 것보다 더 멋진 일이라는 것을 느꼈다. 시간이 지날수록 어느새 괜찮아진 것들이 생기는 건 포기하지 않고 꿋꿋하게 버텨낸 시간들 덕분일지도 모르겠다.

열심히 사는 것 같은데도
불안하고 공허하다면 1

▶ 오늘을 살아내는 데만 집중해보자

문제가 생겼을 때 원인을 찾아내 해결하는 것보다 더 효과적인 방법이 있다. 문제가 생기지 않도록 하루하루를 좋은 것으로 채우는 것이다. 당장 오늘부터 그렇게 하면 된다. 반드시 새롭거나 다양한 경험이 아니어도 된다. 그저 투두 리스트를 쓰고, 일상적인 일을 잘해내는 것에만 집중해도 된다. 거창한 계획이 아니어도 된다. 작지만 성취감을 느낄 수 있는 루틴으로 일상을 채우며 자신만의 힘을 키우면 된다. 매일 계획을 실천하며 일상을 살아낼 힘, **일상력**을 기르는 것이다. 20, 30대에 키운 일상력은 기초체력과 같아서 40대, 50대에는 덕분에 좀 덜 흔들리겠지(라고 믿는다).

내가 처음 투두리스트를 쓰게 된 계기는, 안 쓰면 그날 아무것도 하지 못할 것 같아서였다. 그러다 주간 투두리스트도 쓰고, 일주일 정도는 일정이 잡히는 즉시 써놓으려고 한다. 가끔은 당장 해야 할 일, 프로젝트처럼 비교적 길게

끌고 갈 일, 자기계발이나 취미 측면에서 해야 할 일 구분해서 쓰기도 하는데, 그것도 아주 가끔이다. 주로 핸드폰 메모장에 주루룩, 가장 가까이에 있는 노트에 쓰기도 하고, 어찌되었든 쓰긴 쓴다.

투두리스트는 의식할 새도 없이 흘러가는 시간을 붙잡아준다. 이전 회사에서는 매일 업무일지를 쓰게 했다. 업무일지를 공유하면서 시니어 마케터들은 내게 도움을 주어야 할 것(시간을 많이 낭비할 뻔한 일들)을 찾아내고, 이를 바탕으로 나 또한 일들의 우선순위를 다시 세울 수 있었다. 회사 밖 내 삶의 사수는 나다. 잠시만 긴장을 늦추면 다른 사람들의 콘텐츠를 들여다보느라 시간을 써버리기 쉬운 요즘, 내가 해야 하고 기억해야 할 일들을 투두리스트로 쓰며 챙긴다. 그러다 보면 내 삶과 더 밀착되는 기분도 든다.

한편, 투두리스트를 쓰기만 하고 실천하지 않는 자신을

하소연하는 사람도 있다. 나도 그럴 때가 있어 함께 하소연하고 싶어서 보태자면, 계획을 세우면 불안하지 않아서 좋다고 말하고 싶다. 계획이 촘촘하고 구체적일수록 불안도가 낮아지는 경험을 자주 했다. 나보다 불안도가 높은 남편에게도 계획을 세우라고 잔소리하며 실험해봤는데 분명한 효과가 있었다. 그러니 계획의 쓸모는 계획을 세우는 것만으로도 충분하다는 것을 잊지 않았으면 좋겠다.

계속 일상을 기록하는 이유
▶ 반복되는 일상이 문제가 아니야

생각이 좋은 사람으로 남고 싶어서 매일 기록하려 한다. 애초에 생각을 좋은 생각, 나쁜 생각으로 나눠도 될까 싶지만 같은 생각에 계속 머물러 있으면 생각이 고이고, 고인 것을 내보내지 않으면 발전하기 어렵다고 생각한다. 그래서 어떤 형태로든 계속 쓴다. 내 생각을 꾸준히 방출하는 거다. 회사 일로 바빠서 블로그도, 짧은 글도 못 쓸 때가 있는데, 그런 상황에서 친구들과 이야기하다 보면 내 생각이 낡아져버린 걸 느낄 때가 있다.

　매일 기록하기에 유일한 문제가 있다면, 우리의 일상이 대체로 고만고만 엇비슷하다는 거다. 드라마틱한 변화를 자주 맞을 일도 없고, 늘 새로운 이야깃거리를 찾기도 어렵다. 나만 해도 매번 새로운 메시지를 전하기란 불가능에 가깝다고 느낀다. 책을 내고 나서 이전 책과 비슷하다는 후기를 보면, 새로운 어젠다를 내놓아야 하나 싶어서 스트레스를 받은 적도 있다. 하지만 그 역시 어쩔 수 없는 일이라 받

아들인다. 나의 가치관이나 사는 방식이 하루아침에 달라지
진 않을 테니까.

그럼에도 계속 쓰고 기록하려 한다. 쌓여가는 내 생각을
분출하고 정리하면서 어제와는 조금 다른 나를 마주하기
때문이다. 그리고 조금씩 어제보다 나은 '나'로 나아갈 수
있기 때문이다. 그 과정에서 필력과 표현력을 높이려는 노력
도 꾸준히 한다. 일기를 쓰는 것은 인생을 두 번 사는 것과
같다는 말이 있다. 나이 먹는다고 언젠가 100점짜리 삶에
이른다는 보장도 없고 되감기를 할 수도 없는 인생, 하루하
루 조금씩 나아지며 잘 사는 방법 중 최고는 기록이라고 믿
으며, 오늘도 쓴다.

"오래오래 가고 싶다."

유튜브를 '잘 보고 있다'는 칭찬이
괜히 어색하고 부끄럽다. 뭐랄까,
내 인생을 보여줘놓고 내 일상에 대한
코멘트를 받을 때의 부끄러움이랄까.
마치 〈트루먼 쇼〉 같은 인생이지만
현재의 삶을 환기시켜 주는 건 분명하다.
이번에 시작한 유튜브는
포기하지 않고 해보고 싶다.
친구들과 요즘 매일같이 나누는 화두인데,
지속하는 게 가장 어려운 것 같다고.
시작은 쉬운데 (아니야, 시작이 어려울 때도 많지)
오래 가는 게 더 어렵고 중요하다고.

어느 것 하나 쉽지 않지만
계속해나가고 싶다. 오래오래,
무언가를 지킬 줄 아는 사람이 되고 싶어서.

말하기 vs. 글쓰기,
뭐가 더 쉬울까?

▶ 어떤 부분이 편한지 혹은 불편한지

노트 쓰는 것을 좋아해서 글쓰기로 기록을 시작했지만, 요즘엔 기록의 형태도 다양할 수 있다고 생각한다. 나보다 어린 세대의 친구들은 영상 찍고 편집하는 걸 당연하다는 듯 해내기도 하고, 음성 매체도 팟캐스트나 ASMR로 이어지고 있다. 빗소리, 도서관의 백색 소음, 파도 소리 등을 듣고 있으면 기록은 어디까지 확장될 수 있을지 기대된다.

이런 상황에서 말하기와 글쓰기를 같은 선상에서 비교하는 게 이상하다가도 둘 다 쉽지 않기 때문에 충분히 생각해봐야 할 질문인 것 같다. 결국 나에겐 **어떤 나**를 보여줄지에 관한 선택의 문제라는 생각이 들었다.

말하기는 나의 의도를 있는 그대로 전달하기 쉽다. 만나서 이야기할 때는 표정도 보여줄 수 있고, 음성만 전할 때도 목소리에 나의 감정을 담을 수 있다. 글로 '그랬어'라고 쓴 것과 '그랬어?' '그랬어~'도 너무 다르게 느껴지는데, 말은 오죽할까. 그때그때 떠오른 감정이나 생각을 즉흥적으로

드러낼 수 있어서 재미있는 게 말하기다.

즉흥적이라서 어렵기도 하다. 한번 뱉은 말은 주워담기 어렵다. '백번 생각하고 말하라'는 말에선 말의 무게감도 느껴진다. 그만큼 늘 한 번 더 생각하고 정리해서 말해야 한다. 성격이 진짜 급하고 빨리 해내는 걸 선호하는 나에게도 정리하는 시간이 절실하다는 걸 유튜브 영상 촬영이나 실시간 라이브방송을 하면서 알았다. 말하는 모습을 영상으로, 음성으로 기록해 편집해봐도 도무지 정리가 안 된다고 느껴질 때가 많다.

글쓰기는 아무리 빨리 써서 올려도 내 안에서 한 차례 정리된 상태에서 콘텐츠로 나간다. 툴을 얼마나 익숙하게 활용하느냐의 문제겠지만 영상, 음성 편집프로그램보다는 글을 편집하고 수정하고, 다듬는 쪽이 그나마 덜 힘들다. 영상이나 음성보다 나를 보여주는 데 한계가 있지만, 오히려 그 덕에 '보여주고 싶은 나'에 집중하기는 더 편하다.

　아주 지극히 개인적인 의견이지만, 글이 더 많은 사람에게 가닿는다고도 생각한다. 영상이나 콘텐츠도 많이 퍼뜨릴 수는 있지만, 아무래도 마케터로서 카피, 슬로건, 매뉴얼 등에서 글의 힘을 느낀 적이 많아서 더 그렇게 생각하게 된 것 같다. 여러모로 나는 글이 더 편하다.

　말하기든 글쓰기든 잘하고 싶은 일이기에 더 어려운 것이다. 말 잘하는 법, 글 잘 쓰는 법에 관한 책, 콘텐츠가 무수히 나오는 걸 보면 얼마나 많은 사람들이 원하는지도 가늠해보게 된다. 그럴수록 더 중요한 것은 말이냐 글이냐 기술적인 것이 아니라 '내가 어떤 메시지를 전하고 싶은가' 아닐까 생각하게 된다. 기술적인 것보다 하고 싶은 이야기가 있는가. 어떤 이야기를 전하고 싶은가에 더 집중하고 싶다.

글쓰기, 쉬워지는 날이 올까?

▶ 말하기, 글쓰기가 문제가 아니라
  내 마음이 문제

말보다 글이 편하다고 했지 글쓰기가 쉽다는 건 아니다. 글은 써도 써도 어렵다. 계속 쓰다 보면 쉬워지는 날이 오긴 하겠지, 기술적으로 쉬워지는 순간 말이다. 하지만 우리가 글쓰기가 어렵다고 할 때는 기술적으로 글을 잘 쓰고 못쓰고의 문제가 아닐 때가 많다. 분명 마음속에 있는 뭔가를 쓰고 싶은데 그걸 어디까지 꺼내야 할지, 꺼내도 될지가 고민된다. 결국 글쓰기가 어려운 것은 내 이야기를 **꺼내는 연습**이 덜 돼서 그런 것 아닐까.

얼마 전 처음으로 블로그에 엄마 이야기를 썼다.

난 살면서 엄마라는 단어를 입 밖으로 꺼낸 게 백 번도 안 되는 것 같다. 지금도 쓰면서 어색하다. 나에게 엄마라는 존재는 없었다. 엄마가 없어서 외롭다거나 슬프기보다는 아예 '엄마에 대한 감각'이 없다고 해야 하나.

최근 심리상담에서 내면아이 검사를 하는데 엄마에 대한 생각과 감정을 적는 칸에서, 엄마가 아이 손을 잡고 있는 그림을 보고 눈물이 터져나왔다. 어떤 감정인지 잘 모르겠는데, 그냥 그 그림이 나에겐 너무 슬펐다. 엄마 없이 씩씩하게 강한 척했던 유년시절의 이승희가 생각나서 더 슬픈 것 같기도 하다.

그럼에도 자라오면서 좋은 엄마들을 많이 만났다. 늘 내 소풍 도시락 김밥을 같이 싸주셨던 친구 엄마들, 명절 때 알바하고 있으면 친구 손에 전을 들려보내주신 소영이네 엄마, 결혼 축하한다고 축의금 보내주신 지원이네 엄마, 맛있는 것 사먹으라고 용돈 주셨던 꿀이네 엄마. 그리고 뭐든 걱정하지 말고 내가 다 해줄 테니까 말만 하라는 우리 여리 엄마.

내 주변에 있던 사랑 넘치는 엄마들 덕분에 어렴풋하게나마 엄마의 마음을 읽어본다. 크면서 '나도 엄마가 있었으면 좋겠다'고 생각한 적은 없지만, 좋은 엄마가 꼭 되어보고 싶다고 생각한다. 받지는 못했지만, 줄 수는 있을 것 같아서, 그럴 수 있기를 바라본다.

글을 쓰기 시작했던 초반에는 가족에 대해 거의 언급하지 않았다. 지나치게 개인적인 면을 드러내는 것 같아 주저하기도 했고, 더 쉽고 당장 도움이 될 것 같은 글쓰기인 '회의록 쓰기'가 급하기도 했다. 회의록을 쓰다가 일에 대해 쓰다가 회사 이야기도 쓰다가… 그러다 회사라는 조직에 자꾸 얽매이는 느낌이 들면서 다시 내 안의 감정에 대해 쓰고, 내 가정을 이루면서 가족에 대해 쓰기 시작했다. 우울할 때는 우울증에 대해서도 쓰고, 상담받는 이야기도 썼다. 친구에게 조금씩 말을 건네는 느낌으로 내 이야기를 꺼내기 시작했더니, 무엇이든 쓸 수 있겠다는 맷집이 조금씩 생겼다. 아주 더디긴 하지만.

처음부터 자신의 깊은 곳에 있는 이야기를 툭 꺼내놓을 수 있는 사람은 많지 않을 것이다. 그래서 영상을 보고, 책을 읽고, 좋아하는 것이나 싫어하는 것부터 이야기를 시작하는 게 아닐까. 그러다 보면 그 안에서 자신을 발견하는 날이 온다. 단순히 연예인 누군가를 좋아하는 마음만 봐도 그렇다. 그 연예인이 나에게 뭔가 해줄 것도 아니고, 그 사람을 좋아한다고 해서 그 사람처럼 살고 싶거나 살 수 있는 것도 아니고, 만나기도 힘든데 힘껏 좋아하고 이야기하는 데는 그 사람에게서 나만이 느끼는 포인트가 있기 때문이다. 그 사람 것처럼 보이지만 내가 매력이라고 생각하기에 결국 나의 이야기이기도 한 것이다.

남에게서 시작하지만 나로 귀결되는 것이 모든 콘텐츠의 마력이다. 그래서 이 글을 쓰고 있다. 스스로 셀프 인터뷰하며 더 많은 사람들이 자신의 이야기를 쉽게 꺼낼 수 있기를 바라는 마음으로.

내 인생을 책 한 권으로 써야 한다면
여러 권 써온 지금과는
또 다른 의미를 갖는 책이겠지.
그 책의 첫 문장은
소설가 이노우에 히사시의 말을 빌려
시작하고 싶다.

'어려운 것을 쉽게,
쉬운 것을 깊게,
깊은 것을 유쾌하게!'

무슨 이야기부터 해야 할까?

▶ 감정 쓰레기통이 위안이 될 때

지난 일기장은 종종 감정 쓰레기통 같다. 힘든 상황, 부끄러움, 자책, 질투, 화와 억울함 등이 가득 쌓인 쓰레기통. 내 의지와 관계 없이 벌어진 상황들, 내 마음속에 넘치는 부정적인 감정들을 잊고 싶어서 일기에 쏟아낸 결과다. 버리고 싶은 것들이 기록으로 남았다는 게 아이러니하다. 버리고 싶은 내 감정, 그것들을 기록으로 쏟아내지 않으면 견딜 수 없었던 내 모습, 결국엔 기록으로 남아서 처분도 못하게 된 마음까지… 이런 내 모습도 괜찮을 수 있겠다고 생각한 건 올리부 상무님(나의 든든한 조력자이자 마케팅 선배)의 이야기 덕분이었다. 더 정확히는 김환기 화백의 삶 덕분이고.

호암미술관에서 열린 전시 〈한 점 하늘 김환기〉는 워낙 유명해서 내 주변 사람들도 많이, 여러 번 다녀왔다. 나도 네 시간 넘게 전시장을 떠돌았다. 선에서 점으로, 푸른 점에서 검은 점으로, 2층에서 시작해 1층으로 내려갈수록 그

림은 더욱 간결해지지만 화백의 생각과 세계관은 더 또렷
해지는 것 같았다. 이 감상을 인스타그램에 올리면서 '꿈은
무한하고 세월은 모자라고' '예술은 이론을 초월하는 데 묘
미가 있다'는 말도 함께 기록해두었다.

올리부 상무님도 인상 깊은 전시였다며, 그날의 이야기
를 해주셨다. "전시를 두 번째 갔을 때는 좀 더 여유를 갖고
일기와 작품을 봤어. 그 많은 일기를 찬찬히 다 살펴봤는데
'그림이 잘 안 됐다' '밤까지 했다' '실패한 것 같다' '어려웠다'
같은 말들이 많더라고."

그날 올리부 상무님은 김환기 화백의 책《김환기의 뉴욕
일기》를 가져와 밑줄 친 문장들을 보여주셨다. "'전부 뭉개
고 다시 시작했다' '제작이 부진하다' '마음이 떴다' '가라앉
았다'… 어찌 보면 밑줄 그을 만큼 멋있는 말들은 아니잖아.
근데 다시 보니 대작가에게도 매일 고난, 좌절, 긴장, 불안,
애씀이 있었는데 성공한 결과만 본다면 이 사람이 존재했

던 많은 날들을 모르는 거라는 생각이 들더라고. 화백님이 대작가가 될 수 있었던 건 그럼에도 불구하고 멈추지 않았기 때문인데."

그때의 이야기를 가슴에 담아두었다가 (지금은 블루도어북스로 바뀐) 도하서림에 가서 그 책을 샀다. 그리기를 멈추지 않고, 무너지고 일어서기를 반복했던 순간들이 매일매일 짧게 적혀 있는 화백의 일기를 보면서 여러 감정이 들었다. 감정이 넘쳐흘러서 나도 어찌하지 못하는 상태로 쓴, 나도 나를 속일 수 없는 가장 솔직한 감정을 담은 내 기록이 있다는 게 새삼 감사했다.

'**진짜 감정**'을 마주하고 정리하는 것이 점점 쉽지 않다고 느끼지만, '그럼에도 계속 나아갔다'는 증거물을 남기고 싶

다. 어제보다 오늘 내가 좀 나아졌다는 것을 알 수 있을 확실한 방법, 일기. 매일매일 일기를 써야겠다. 오늘이 무너져 내려도 내일이 또 온다는 것에 위안을 받으면서.

좀 더
빨리 했으면
좋았을 질문들

▷ 어렸을 때
　이걸 알았더라면

부모님이 지어준 이름 말고
또 다른 이름을 짓는다면?

▶ 이름이 이렇게나 중요한 거였다니…

언제부터인지 모르겠지만 가끔 내 이름은 왜 '이승희'일까 생각한다. 이승희라는 이름은 어디서든 흔했다. 학교에서도, 회사에서도 동명이인이 늘 두세 명씩 있는 흔하디흔한 이름. (심지어 4천 명이 다니는 조직에서 일할 땐 동명이인이 열두 명이나 있었다.) '이길 승(勝)' '기쁠 희(喜)'라는 의미가 담긴 이 이름은 할머니 할아버지가 지어주셨다고 한다. 어떤 이름에 대단한 뜻이 없겠냐마는 좀 더 인상적인 이름이면 어땠을까 하는 아쉬움이 남는다. (할머니 할아버지, 죄송해요.) '승'이라는 별명도 이승희라는 이름을 가진 사람이라면 대부분 갖고 있어서, 내가 지었지만 특별하게 느껴지지 않을 때가 많다.

그래서 내가 다시 내 이름을 짓는다고 상상해본다. '이자유' '이자연'처럼 내가 추구하는 가치나 좋아하는 단어를 생각해봤다. (진부한가…) 영어로도 쓰기 좋은 '산' '준' 같은 이름도 붙여본다. (이것도 역시 진부하긴 해…) 성별을 짐작할 수 없는 중성적인 이름도 상상해본다. 레오나르도 디카프리오처럼 좋아하는 아티스트에서 따와보고 싶기도 하고, 작품명에서 따오고 싶기도 하다. 내가 좋아하는 도시 이름은 어떨까? 상상하는 것만으로도 즐겁다. 정하려고 하니 생각보다 어렵다. 갑자기 할머니 할아버지에게 감사해지는 순간이다. 한 회사의 브랜드 네이밍도 엄청 오래 걸리고 비용도 많이 드는 걸 생각해보면 이름 짓는 건 누구에게나 쉬운 일은 아닌 것 같다.

그 과정을 생각해보면 평범한 이름도 그냥 나오지는 않았을 거라는 생각이 든다. 어쩌면 부모님이 오랫동안 갖고 싶었던 이름일 수도 있고, 당신들보다는 좀 더 나은 삶을 살기 바라는 큰 바람이 담겼을 수도 있다. 철학관에 가서 이름을 받아오는 것도 보기엔 쉬운 것 같지만, 부정타지 않아야 한다는 깊은 책임감이 담긴 과정이겠지.

이렇게 고민하다 보니 내가 내 이름을 새로 짓는다는 건 주체적으로 살겠다는 의지이자 앞으로 이렇게 살겠다는 내 삶에 대한 **선언**처럼 느껴진다. 그래서 어려운 일 맞고.

아, 그래서 새로운 이름은요—

좀 더 어렸을 때
일찍 시작했으면 좋았을 것들
▶ 어렸을 때는 모든 게 처음이었을 텐데

한 살 한 살 나이 들수록 '어렸을 때부터 하면 좋았을걸' 하는 것들이 점점 많아진다. 맨날 손으로 여드름을 짜서 생긴 상처를 볼 때마다 짜지 말걸, 피부관리를 더 일찍 시작하고 선크림 잘 바를걸, 소설책 많이 읽을걸, 운동습관을 들일걸, 건강한 음식을 먹을걸… 그중 가장 손에 꼽는 건 '학창시절에 일기 많이 써놓을걸' 하는 마음이다.

다양한 경험을 많이 해야 한다고들 말한다. 그래서 돈을 주고서라도, 많은 체력과 시간을 들여서라도 경험하려는 것일 테다. 어른이 되어 일부러 찾아 하는 경험도 좋지만 사실 어렸을 때야말로 자의 반 타의 반 다채로운 경험이 일어나는 시기다. 부모님과의 관계 변화, 집안 형편의 변화, 이사 등 어렸을 적 기억이 적은 편인 나에게도 기억나는 사건들이 있다.

반대로 잘 기억나지는 않지만 분명 스스로 결정한 순간

들도 있었을 것이다. 그때의 나는 어떤 이유로 그런 결정을 했을까. 그 결정들은 어떻게 지금의 나를 만들었을까. 궁금한데 남아 있는 기록이 없어서 그때의 내 마음과 생각을 알 길이 없다.

지금도 가장 궁금한 건 **동기부여**다. "1등 하면 부모님이 컴퓨터 사준대"라며 친구들이 열심히 공부했던 게 기억난다. 우리 부모님은 일하느라 바쁘셨는지 나에게 이래라 저래라 따로 말씀하신 적이 없었다. 1, 2등 한 성적표를 아빠에게 가져다드렸는데 별 감흥이 없으셔서 서운했던 기억도 있다. 그런 상황에서 그럼에도 계속 스스로 열심히 공부했던 나의 원동력은 무엇이었을까. 승부욕도, 간절히 원했던 진로도 없었는데.

지금껏 '사춘기가 없었다'고 기억하고 있는데 그 생각도 틀린 것 같다. 큰 사고 치지 않고 잘 지나온 것에 가깝다. 조금은 외로웠던 것 같기도 하고, 심심했던 것 같기도 하고, 공부보다 자극적인 것을 찾아 나쁜 길로 빠지기 쉬운 상황도 분명 있었을 것이다. 그 시기에 잘못된 길로 빠지지 않고 그래도 공부하고 이렇게 큰 게 단순히 내가 잘났거나 운이 좋았기 때문만은 아니었을 것이다. 잘못된 길로 빠지지 않게끔 환경이 구축되어 있었고, 위기의 길목마다 부모님 대신 나를 챙겨주셨던 어른들이 있었다. 그 어른들에 대한 이야기를 적어두었다면 그때는 미처 몰랐던 감사함을 지금이라도 전할 수 있을 텐데.

개인에 대한 기억만 알고 싶은 것은 아니다. 예를 들면 사계절 같은 것. 요즘처럼 이상 기온으로 새삼 사계절의 소중함을 느낄 때면, 사춘기 때 느꼈던 사계절이 궁금해진다. 기록하지 않고 흘려보낸 그때 그 감성은 영원히 모르겠지만, 과거를 아쉬워하기보다는 지금에 좀 더 집중하려고 한다. 그때처럼 흘려보내지 않으려고 말이다.

늦었다고 생각할 때는
가장 빠른 때일까,
이미 늦은 때일까?

▶ 질문 보자마자 눈치 챈 사람도 있겠지만

늦었는지 아닌지 질문하는 그 순간엔, 이미 그 세계에 대해 많은 것을 알아버린 상태일 것이다. 아무것도 모른다면 그 세계를 알아가는 것만으로도 바빠 고민할 새도 없을 테니까.

그래도 이왕 질문을 던졌으니 생각해보자. 늦었다는 생각이 들 때면, 두 가지 액션을 취할 수 있을 같다. '이렇게 고민한다는 것 자체가 이미 많은 것을 알고 있다는 거네, 앞으로 그만큼의 시간은 벌었군' 하고 긍정회로를 돌리는 것 하나. 늦었다고 생각하는 순간에도 시간은 흐르고 있으니 고민하는 것도 시간낭비라고 현실을 파악하는 것 하나.

눈치 챘겠지만 진짜 결론은 하나다. 늦었든 이르든 할 사람은 한다는 것! 누가 뭐라 해도 일단 'GO!' 하는 사람이라면, 그런 것 묻지도 따지지도 말고 그냥 가보자고!

사랑받기 vs. 주기,
어느 쪽이 더 행복할까?

▶ 어느 쪽이든 사랑이니까

집으로 돌아오는 차 안에서 조카 채채에게 사랑에 관한 질문을 던졌다. 가장 의외였던 건 "사랑받기 vs. 사랑 주기, 어느 쪽이 더 행복할까?"에 대한 채채의 답변이었다. 이 질문에 나 포함 내 주변 사람들은 모두 '사랑 주기'를 택했지만, 채채는 사랑받는 게 더 행복할 것 같다고 답했다. "이모, 사랑을 주는 건 너무 힘든 것 같아. 사랑을 주는 상황이라면 그 사람을 볼 때마다 좋기는 하겠지만… 사랑한다는 것 자체가 내 마음을 주고 소모하는 거라 힘든 일 같아. 사랑받는 데는 내가 힘들 게 딱히 없는 것 같고. 사랑받는 건 그냥 행복한 일이잖아."

10대인 채채는 요즘 짝사랑 중이다.

나 자신을 드러낸다는 것

▶ 사실은 어렸을 적부터 하고 있었던 일

세상을 보는 사람들의 시선은 다르다는 당연한 사실에 새삼 놀랄 때가 있다. 누군가는 과거보다 지금, 남의 눈치를 덜 보고 살고 싶은 대로 사는 사람이 더 많아졌다고 이야기한다. 또 다른 누군가는 자유롭게 살기가 더 힘들어졌다고 말하기도 한다. 경쟁은 더 치열해졌고, 다른 사람이 어떻게 사는지 마음만 먹으면 다 알 수 있는 시대니까. 다른 사람보다 더 돋보이려고 애쓰는 경쟁의 장에 굳이 (나까지) 한 명 더 보태야 하는지, 무슨 소용인지 의문이 드는 것도 무리는 아닐 것이다.

그럼에도 나는 자신의 이야기를 하자고 강하게 권하고 싶다. 자신만의 이야기나 생각을 써봐야 자기답게 살 수 있다고 믿기 때문이다. 거창하고 어려워 보이지만 자신의 생각을 자유롭게 표현하던 시절은 누구에게나 있었다. 태어나서 처음 입을 떼던 그 순간, 어딘가를 가리키며 천방지축 뛰어다니던 순간, 사소한 것으로도 싸우고 화해하며 마음을 숨기지 못했던 순간… 온몸으로 내 생각과 의지를 보여주며 우리는 자랐다. 그러다 사회적 제도라는 틀 안으로 들어가면서, 아이러니하게도 자신을 더 표현해야 하는 순간에 스스로 생각하고 말하는 힘을 잃어버리게 된다.

다른 사람의 이야기가 더욱 궁금해지는 요즘, 나는 표현의 자유를 앗아간 사회적인 틀, 시선이라는 게 생각할수록 묘한 존재라고 느낀다. 내가 사회를 바라보는 시선에는 주어진 것도 있겠지만 내가 보기 편하게 만들어온 부분도 있다는 생각이 들었기 때문이다. 내게 보이는, 내가 볼 수 있는, 보고 싶은 딱 그만큼의 사회로 말이다. 치열한 경쟁 앞에 포기하는 사람만 보는 의도, 그럼에도 해내는 사람을 찾는 태도, 경쟁이 아닌 성장이라 여기는 마음가짐 등이 얽히고설켜서 우린 각기 다른 사회를 보고 있을 것이다.

어쩌면 우리는 자신을 표현하고 이야기하지 못하는 게

아니라, 스스로 멈춘 것은 아닐까. 어렸을 때 무엇이든 표현할 수 있었던 그 마음을 잠시 멈춘 것일 뿐 아직 포기한 것은 아니었으면 좋겠다. 내 마음가짐이 또 다른 누군가의 사회적 시선을 만드는 데 좋든 나쁘든 영향을 줄 테니까.

다른 사람을 의식하지 않고
나의 이야기를 풀어내는 법
▶ 처음만 고비다

다른 사람들은 내가 생각하는 것보다 나에게 관심이 없다. 마음 한쪽이 쓰리지만, 사실이다. 얼핏 생각해봐도 그렇다. 기업이 큰돈 들여서 양질의 캠페인이나 광고를 해도 사람들은 잘 모르고 안 본다. 그러니 개인이 쓴 글은 더욱더 안 본다. 이 사실을 머리로만 알 것이 아니라, 현실에서도 느껴야 한다. 왠지 모를 해방감이 느껴진다면 자유를 만끽하면서 내가 하고 싶은 이야기를 그냥 할 수 있게 된다.

물론 처음엔 사람들이 놀릴 수 있다. 근데 처음에 '만' 그렇다. 내가 다시 유튜브를 시작하면서 가설을 세우고 실험해본 결과다. 아무래도 기획을 잘할 것이다, 영상을 감각적으로 재미있게 만들 것이라는 남들의 시선과 기대에 부담감을 느꼈다. 기대에 부응하려고 스트레스 받고, 이렇게도 해보고 저렇게도 해보는데 시간은 계속 흐르지, 유튜브 잘하는 사람은 너무 많지, 결국엔 거의 자포자기 심정으로 올렸다. 그 결과? 주변 사람들은 진심으로 지루해했다. 재미없고 하품 나온다고. 나뿐 아니라 누구든 새로운 도전을 할 때면 이런 순간을 마주할 것이다. 이때 상처만 받고 멈추면 안 된다. 원래 무엇이든 처음은 어설프고 이상한 법이니까. 그냥 계속 올리면 된다. 이때부터는 지인들은 지루하다는 코멘트조차 하지 않고, 내가 처음에 무엇을 했는지 아예 잊기도 한다.

사실상 이때부터 진짜 내 이야기가 시작된다. 악플도 관심이라고 생각하는 나, 댓글보다는 완성도에 집착하는 나, 쌓아가는 것만으로도 뿌듯한 나, 흑역사도 역사라는 말에 매달리는 나. 멈추지 않고 계속해야 발견할 수 있는 나의 또 다른 모습이다. 많이 해봐야 완성도도 높아진다는 당연한 진리는, 하면서 증명해보자.

종종 나의 기록들이 전시로 구성되어
사람들을 만날 때가 있다.
별거 아니었던 나의 생각들을
다시 크게 인쇄해서 보는 작업들은
매번 신기하다.

계속 쓰기만 했는데,
새로운 기회가 오고 경험이 생긴다.
그래서 쓰는 것을 멈출 수가 없다.

관심과 오지랖의 차이는?

▶ 오지랖이 나쁜 걸까,
  그간 무심했던 건 아니고?

이 말 한마디가 나를 위한 것인지, 상대방을 위한 것인지에 따라 관심과 오지랖으로 나뉘는 것 같다. 내가 말해봤자 상대는 크게 달라지지 않을 걸 알면서도, 내가 말하고 싶은 마음을 참지 못하고 말하면 오지랖인 것 같다. 예를 들어 내 친구가 만나는 저 사람, 아무리 봐도 별로인데… 친구는 행복해하는데… 말해야 할까, 말아야 할까? 왜 별로라고 느끼는지 명확한 근거와 이유 없이 나의 느낌적인 느낌으로 말했다가 친구의 기분만 나쁘게 했다면, 오지랖인 것 같다.

근데 오지랖이 꼭 나쁜 걸까? 관심, 애정을 바탕으로 상대가 바뀌었으면 하는 마음에서 제동을 걸어주는 거라

잘 되어가?

몰라요

면… 당장 그 말을 들은 내 기분은 나쁠 수도 있겠지만, 그래도 그렇게 에너지가 많이 드는 일을 내게 해주다니?! 나중엔 좀 고마울 것 같다.

반대로 관심과 애정으로 말했는데 오지랖이라는 반응을 듣는다면, 내가 **평소**에 그 사람에게 충분한 관심과 애정을 보여줬는지 고민해봄직하다. 평소엔 관심 받고 있다고 생각하지 않았는데 갑자기 '옛다 관심!' 하고 불쑥 받은 사람 입장에서는 오지랖이라고 느끼기 쉬우니까.

나의 관심이 누군가에게는 오지랖으로, 누군가의 오지랖이 나에게는 관심으로, 관심과 오지랖은 우리 관계를 측정하는 기준인지도 모른다. 직장에서든 일상에서든 상대방에게 가장 중요한 말을 가장 필요할 때 건네보자. 오지랖이 아니라 관심으로 느끼게 하는 것은 나의 몫이다.

솔직하기 vs. 척하기

▶ '척하다 보면 진짜가 된다'는 건
   진짜 멋진 거였네

솔직하게 말하자면, 이 질문을 20대에 받았다면 '솔직하기'
를 골랐을 것이다. 지금은 두 눈 질끈 감고 척하기를 택하
려고 한다. 솔직해진 김에 (뻔뻔함도 더해) 덧붙이면, 어차피
순도 100퍼센트는 존재하지 않는다. 100퍼센트 솔직하기
도 어렵고, 100퍼센트 척하기도 어렵다. 100 대 0은 없다.
그렇다면 적당히 섞어야 하는데 이왕이면 '척'하고 싶다는
말이다.

어릴 때는 '일을 못하는 것 같아요'라고 솔직하게 말해도
괜찮았다. 배우고 성장하기 위해 꼭 솔직해야만 했고. 하지
만 연차가 좀 쌓이면서는 그 뉘앙스가 좀 달라진다. 듣는 사
람 탓인지 말하는 사람 탓인지 모르겠지만, 확실히 좀 달라
진다. 겸손한 건가 싶다가도, 못하니까 배째라는 식의 무책
임한 모습 같기도 하고.
최근의 나는 좀 진상 같았다. "저 이건 좀 못하는 것 같

아요"라고 고백했는데, 고백하고 나면 못하는 부분을 보완하는 노력이 솟아날 줄 알았다. 하지만 웬걸, 솔직하게 인정하고 나니까 편해졌다. 차라리 잘하는 척을 하고, 그 척을 들키지 않으려고 발버둥쳤으면 좀 나아졌을 텐데. 솔직하게 인정하다 보니 뻔뻔해지고 부끄러움을 느끼지 못하는 것 같다. 그래서 요즘은 오히려 '척을 해야겠다'고 다짐한다.

'척하다 보면 진짜가 된다'고 한명수 상무님도, 백종원 선생님도 말씀하시지 않았나. 못하는 걸 쿨하게 인정하고 멈추는 것보다 (이걸 요즘 말로 하면 '쿨병'인가?) 내가 생각하는 기준에 설령 조금 못 미치더라도 잘하는 척하면서 나아가고 싶다. 그런 모습이 더 멋있는 것 같다, 아직까지는.

사회초년생이었던 나에게
해주고 싶은 말

▶ 할 말이 너무 많지만 '다섯 글자'만

지금은 기억이 다 미화됐지만, 냉정하게 돌이켜보면 20대 사회초년생 시절의 나는 많이 암울했던 것 같다. 치기공과를 졸업 후 대전의 작은 치과에 코디네이터로 입사했던 첫 직장, 서울로 올라와 처음으로 마케팅 일을 시작했던 두 번째 직장, 둘 다 좋았던 추억이 있는 만큼 힘들기도 했다. 어떻게든 직장에서 잘리지 않으려고 아등바등하며 눈치보고 버텨냈던 삶이니까. 그때로 돌아가 조언을 건넨다면 치과에서 신입 코디네이터로 일했던 나에게는 '잘하고 있어'라는 말을, 우아한형제들에서 마케터로 새로운 사회생활을 시작한 나에게는 '무조건 버텨'라고 말해줄 것 같다. 지금 보면 두 시기 모두 사회초년생이나 다름없는데, 이렇게나 다른 톤의 답변이 나온다는 게 웃기다. '도토리 키재기'지만 그만큼 두 시기가 나에게 달랐다는 뜻이겠지.

치과에서 첫 사회생활을 시작했다고 말하면 놀라는 사

람들이 있다. 지금 나의 모습과는 좀 다르다고 여기는 걸까, 내가 원치 않은 직업으로 사회생활을 시작했다고 오해하기도 한다. 하지만 당시에 그 선택을 할 때도 명분은 충분했고, 열의는 지금보다 훨씬 더 넘쳤다. 다만 내가 제대로 된 방향으로 가고 있는지 확신은 부족했던 것 같다. 이 선택이 맞는지, 내가 좋아하는 일인지 알 수 있는 방법이 없었다. 그냥 적응하고 해보는 것일 뿐. 그래서 그때로 돌아간다면 잘하고 있다고, 그 자리에서 최선을 다하면 된다고 말해주고 싶다.

우아한형제들 마케터로 입사했을 때는 20대 중후반이었다. 지금 보면 너무 어린 나이인데 그때는 '너무 잘하는 사람이 많다'는 사실에 꽂혀 있었다. 초보 마케터인 나보다 잘하는 사람이 많은 건 당연한데, '나는 너무 모르는 게 많아'에 사로잡혀 있었다. '이 길이 맞나?' '내가 이 직업을 하는 게 맞나?'라는 생각을 무수히도 많이 했던 시절이었다.

그래도 '무조건 버텨'라고 말할 것이다. 인생에서 진짜 재미있게 몰입해서 일할 수 있는 시기는 몇 번 안 오니까, 지금 그 시간을 잘 버티고 즐기라고. 그렇게 포기하지 않으면 많은 것을 얻을 수 있다고 말해주고 싶다.

잘하는 일과 좋아하는 일, 무엇이 먼저일까?

▶ 잘하는 일이어야 좋아할 수 있어서

어렸을 때부터 힘겨워했던 말 중 하나는 '좋아하는 일을 찾아라'는 것이었다. 수능이 끝나자마자 아르바이트를 수십 개 하고, 졸업 후엔 어떻게든 취업부터 해야 했던 나에게는 주어진 일을 잘해내는 게 더 중요했으니까. 그래서 지금의 나는 무조건 좋아하는 일보다 **잘하는 일**을 먼저 해보라고 권하는 어른이 되었다. "너, 이거 좀 잘하네, 왜 이렇게 잘해?"라는 말을 들으면 더 잘하고 싶어지고, '내가 다른 사람들보다 이런 걸 잘하는구나…' 하면서 그 일을 좋아하게 될 가능성이 커지니까.

그리고 무엇보다도 좋아하는 일을 찾는 건 정말 쉽지 않다. 좋아하는 일을 먼저 찾다가는 영영 내가 좋아하는 일이 뭔지 알지 못한 채 시간을 보낼 수도 있다. 일단 잘하는 일을 찾아보자. '잘한다'의 기준도 사실 애매모호하지만 사람들과 일을 하다 보면 내가 잘하는 게 무엇인지 주변에서 발견해주기도 하니까.

내가 좋아하는 것을 함께해주고, 발견해주고, 알려주고, 같이 호들갑 떨어주는 동료이자 친구 규림에게 이 질문을 한 적 있다. 간단한 답신이 왔다. "잘하는 일을 해야지, 먹고 살아야 하니까. 이 질문의 전제는 잘하는 것이 있다는 거니까 그거대로 좋다"라고.

그렇네, 잘하는 일이 있는 것도 좋네. 좋아하는 일과 나란히 두는 바람에 괜히 멋지지 않아 보일 뿐, 잘하는 일이 있는 것도 복이다.

좋아하는 일을 찾는 법

▶ 좋아하는 마음을 더욱 키우는 일

100세 시대인데 앞으로 뭐 하고 살지, 오래 하려면 좋아하는 일이어야 할 텐데…. 모든 사람의 고민일 거다. 너무 큰 질문이라 한번에 답하기도 어렵다. 이렇게 어려운 일일수록 작게 시작해야 한다고 배웠다. 아주 작은 판타지에서 출발해 직업, 자신의 일을 찾아보는 거다. '나 저거 좀 좋아해봐도 되지 않을까?' 같은, 가볍지만 위력적인 마음이다.

〈커피프린스〉라는 드라마가 인기를 끌던 시절, 드라마로 인해 실제 바리스타가 되고 싶다고 도전한 사람들이 엄청 많았다고 한다. 그때 그 사람들은 지금 무얼 하며 지낼까. 바리스타로 일하는 사람도, 현실에 벽에 부딪힌 사람도 있을 것이다. 후자가 더 많다고 해도 의미 있다고 생각한다. 외국의 유명 커피 브랜드들이 해외 진출할 때 가장 먼저 떠올리는 곳이 우리나라라는데, 모르긴 몰라도 세계적으로 손꼽히는 커피 소비국 대한민국을 만드는 데 그들의 공이 크지 않았을까. 적어도 커피 애호가로 살고 있을 테니까. 좋아하는 마음은 힘이 세다.

'방송국은 말이야… TV에 나오는 것처럼 마냥 멋있지만은 않대' '출판사 알고 보면 엄청 힘들어. 드라마에 나오는 것처럼 낭만적이지 않대'… 상대를 생각해서 하는 말이겠지만 이런 말을 하는 사람들은 조금 얄밉다. 아니, 솔직히 좋아하지 않는다. 안 그래도 좋아하는 일, 좋아하는 일의 실마리를 찾는 것도 어려운데 그 작은 마음도 꺾어버리는 건 무슨 심보일까 싶어서다. 어차피 모든 일은 대체로 힘든데 굳이 처음부터 환상을 깰 필요가 있을까?

우리에게 필요한 건 날 선 조언이 아니라 마음의 여유다. 무언가를 좋아하는 사람들이 계속 그것을 좋아할 수 있도록, 그 **시간**을 누릴 수 있도록 해줘야 한다. 우리는 좋아하는 일을 찾고 싶어 하면서도 자신이 뭘 좋아하는지 알아가는 데 시간 쓰길 주저하고 아까워하는 것 같다. '일'이니까 어쩔 수 없이 효율을 따지게 된다면, 그럴수록 '좋아하는'에 집중해서 다르게 봐야 한다. 가령 연애에 빗대어 생각해보자. 어떤 스타일의 이성을 만나야겠다는 의지 혹은 성향이 또렷한 친구들이 있고, 아주 결정적인 단점만 없다면 일단 만나면서 상대를 파악해가는 친구들도 있다. 좋아하는 일을 찾는 과정도 누군가를 알아가고 좋아하는 마음을 키우는 시간과 비슷하다. 지금 하는 일이 잘하는 일이 되고, 잘해서 좋아하는 일이 되도록 시간이 필요할 수도 있다. 혹은 지금까지 꾸준히 해온 일이 자신이 좋아하는 일일 수도 있다. 나처럼 호들갑 떨면서 좋아하는 마음을 표현하는 사람이 있는가 하면 꾸준히 함으로써 은은하게 그 마음을 드러내고 있었던 것일 수도 있다.

동료들과 농담처럼 한 이야기가 있다. "우리, 마케팅을 좋아한다고 스스로 세뇌한 건 아닐까?" 원래 힘들고 재미없는 부분이 더 많은 일인데 "나는 이 업이 잘 맞아, 나는 마케팅을 좋아해!"라고 외치고 다닌 건 아닌지. 각자 다른 생각을 했을지도 모르겠지만, 그만큼 '내가 좋아하는 것을 알아가는 데'에는 상당한 시간과 수고로움이 든다는 이야기다. 단번에

찾을지, 하면서 찾을지, 하면서 깨달을지… 어떤 방식이든
시간은 필요하다. 그 시간의 가치를 인정하는 시간도 필요
하고.

"해보니까 알겠다,
내가 어떤 채널을 좋아하는지."

아무도 내 채널을 봐주지 않는다고 해도
내가 스스로 회고하고 반성하고 앞으로 어떻게
할 건지 보낸 시간이 큰 힘이 되었다.
유튜브의 방향을 점검하고 시작하면서
정말 내가 만들고 싶었던,
좋아하는 채널을 떠올리게 됐으니까.
단순히 브이로그나 정보성 채널이 아니라
나의 생각을 전하는 채널.

해보니까 알겠다,
내게 어떤 바람이 있었는지.
생각하는 사람이 되고 싶다는 그 바람이
다시 불어온다.

스트레스 많이 받고
최고의 결과물 내기 vs.

같이 일하는 동료들에게 가장 많이 던졌던 밸런스 게임 질문이다. "스트레스 엄청 받고 본인은 만족스럽진 않지만 최고의 결과물을 내는 것, 아니면 스트레스 하나도 안 받고 그저 그런 결과물을 만들었는데 본인은 만족스러운 거, 뭘 선택할래?" 이 질문을 들으면 모두가 괴로워하며 웃는다. "본인도 만족하고 최고의 결과물도 내는 선택지는 없어! 하나만 골라야 해!"라고 덧붙이면 거의 울면서 선택한다. 전자를 선택하는 동료도, 후자를 선택하는 동료도 모두 이해가 된다. 나도 전자일 때도, 후자일 때도 있다.

회사에서 일을 정말 잘하고 모든 사람들이 인정하는 동료가 있었다. 하지만 본인 스스로 결과물에 만족하지 못하고 어떻게든 최고의 결과물을 내기 위해 '조금 더'를 외쳤다. 그가 본인의 몸과 시간을 쓰며 건강이 악화되는 것을 지켜볼 수밖에 없었다. 옆에 있는 나까지 정신적으로 힘들

스트레스 없이
그런저런 결과물 내기

어지는 기분이 들었다.

나도 일을 잘하기 위해 내 몸과 마음은 돌보지 못한 채 미친 듯이 달렸던 적이 있다. 크리에이티브 영역은 시간을 쓰면 쓸수록, 고민을 더 하면 할수록 결과물이 좋을 수밖에 없다는 것을 한창 실감하던 때였다. 그러니 몸과 시간을 갈아넣으며 더 미치게 몰입할 수밖에 없었고, 잘하고 싶어서 함께 일하는 동료들에게 화도 많이 냈다. 늘 불만족스럽고 스트레스 받는 것은 디폴트라고 생각했다. 지금 생각하면… 너무 미안하다.

사람마다 '좋다' '잘한다'의 기준이 다 달라서, 이제는 '잘한다'는 게 무엇인지도 모르겠다. 내 기대보다 결과물이 잘못 나와도 어느 정도는 스스로 만족할 줄 아는 것, 성과가 나더라도 보완할 점을 찾아 더욱더 성장하는 것, 전혀 달라 보이는 두 모습도 결국 '잘한다'고 느껴지기도 한다. 그래서 더욱 자신의 기준을 정할 필요가 있지 않을까. 그 기준이 없다면 몸과 마음이 망가지는지도 모르는 채 일할 테니까.

그런 시간을 보내온 지금의 나는 '대세에 지장이 없으면 그냥 해보자'라고 마음먹는 사람이 되었다. 나 혼자 하는 일이라면, 내가 한 일이 다른 사람에게 영향을 크게 미치지 않는다면, 어느 정도 선에서 자신과 타협하는 능력도 중요하다고 본다. '이만하면 됐어'가 아니라 '이것으로 충분해!' 하고 선을 그어야 에너지를 아껴서 나아갈 수 있으니까. 내 건강을 해치면서까지 일에 매몰되지 말아야 한다는 것, 지금 나의 일하는 기준이 되었다.

다 함께하는 일은, 혼자 할 때와는 비슷한 듯 다르다. '대세에 지장이 없으면 그냥 해보자'라고 동료들에게 말할 수 있는 사람이 되고 싶다. 나와 동료들이 스트레스를 조금 덜 받고 조금 더 여유롭게, 즐겁게 일하는 과정을 즐기는 것도 일할 때 중요하다고 생각하기 때문이다. 하지만 나 혼자 만족하고 끝낼 일이 아니니까, 혼자 할 때보다 좀 더 최선을 다해보려고 한다. 그래야 나중에 다시 생각해도 부끄럽지 않고 후회가 없을 테니까.

일은 하면 할수록 참 어려운 것 같다. 그중 가장 어려운 것은 내가 좋아하는 일, 잘하고 싶은 일을 애정하는 동료들과 재미있고 건강하게 오래오래 하는 것이겠지.

10년 전 과거로 돌아가기 vs. 10억 받기

▶ 돈으로도 살 수 없는 건 이 사람들

남편과 차로 이동하는 길에 이 질문을 던졌다. 남편은 무조건 10년 전으로 돌아갈 거라고 했다. 돈은 벌 수 있지만 시간은 다시 살 수 없다며 확고한 모습을 보였다. 삼성 이건희 회장도 자신의 전 재산을 다 주고서라도 젊음을 택하겠다고 말했다면서 말이다. 이건희 회장은 돈이 많으니까 그렇게 답한 거 아닐까 합리적인 의심을 하다 보니 다른 사람들의 답변도 궁금해졌다. 인스타그램에 이 질문을 올렸더니 그 답변이 실로 매우 다양했다.

> ↳ 10억 안 줘도 10년 전으로는 안 돌아가요. ㅋㅋ 얼마나 열심히 살았는데.

> ↳ 10억이요. 흑역사도 역사고 지금부터 멋진 미래를 만들래요.

↳ 10년 전으로 가서 비트코인, 떡상할 주식을 산다
= 10억을 번다 + 후회했던 선택들을 최상의 방
향으로 다시 잡아본다!!! 그 당시에만 도전해볼
수 있었던 일들을 두려워하지 말고 부딪쳐본다.

사랑하는 사람을 잃은 사람들, 건강을 잃은 사람들, 젊
음 또는 기회를 되찾고 싶은 사람들은 10년이라는 시간을
선택했고, 치열하게 살아서 그 과정을 두 번 겪고 싶지 않
거나, 10억으로 더 나은 미래를 만들 수 있다고 자신하는
사람들은 10억이라는 돈을 선택했다.

나도 돈보다는 시간에 더 가치를 두는 사람이라서 무조
건 시간을 선택해야 한다고 생각했다. 무라카미 하루키도
자신이 번 돈으로 자유와 시간을 산다고 말하지 않았나.
나도 돈을 버는 이유가 자유와 시간을 갖기 위해서였다. 시
간과 돈이라는 선택지 앞에서 10년 전의 시간으로 돌아가

는 것을 선택하는 게 당연하다고 생각했다.

하지만 10년 전으로 돌아간다고 생각하니, 지금 내 곁에 있는 사람들이 없었다. 지금 이 사람들이 없는 순간을 상상하니 너무 외로워졌다. 10년 전으로 돌아가면 남편과 소중한 사람들을 다시 만날 수 있을까. 우리들의 **추억**은 어떻게 되는 걸까. 그리고 내가 쌓은 시간들은?

최근 〈유퀴즈〉에 나온 배우 강동원 씨는 너무 쉼없이 20여 년을 달려왔기 때문에 다시 과거로 돌아가고 싶지 않다고 말했다. 지금의 여유와 나이듦이 좋다고. 이 이야기를 들은 친구도 비슷한 답변을 했다. 뭐가 뭔지도 모르고 무조건 열심히 했던 20대보다는 이제 뭐가 뭔지 조금은 알 것 같은 30대가 좋다고. 너무 힘들었던 예전으로는 돌아가고 싶지 않다고 말이다.

시간과 돈 중에 하나 고르는 질문인 줄 알았는데, 이젠 어떤 시간을 보내왔냐고 묻는 질문으로 느껴진다. 몇 년이 지나서 이 질문을 다시 들었을 때는 조금 더 고민하지 않고 대답하고 싶다. 지금까지 열심히 잘 살았고, 지금 함께 하는 사람들 그리고 지금의 삶이 너무 좋기 때문에 돌아가고 싶지 않다고 말이다. (결국 강동원도, 친구도, 나도 10억을 택했…)

젊을 때 저축해야 한다 vs.
더 많이 경험해야 한다

▶ 돈은 왜 벌어도 벌어도 부족해?

경험에 투자하든 저축에 집중하든 자신만의 이유가 있어
야 한다. 그 이유를 바탕으로 어느 한쪽을 선택했으면 한
동안은 그 선택에 많은 시간을 들여야 한다. 나는 사회초
년생 때부터 나 자신에게 아낌없이 투자하는 데 집중했다.
그 투자는 복리로 수익을 내며 지금도 **현재진행중**이다. 그
러므로 나보다 더 어린 친구들이 이런 질문을 해온다면 내
가 줄 수 있는 답은 하나다. 인생 너무 기니까 경험에 투자
하라고 말이다.

첫 직장에 다닐 때, 그러니까 사회초년생 시절 내 월급
은 100만 원대 초반이었다. 무조건 월급의 80~90%는 저
축하라는 책들이 그때도 많았고, 실제로 그렇게 하는 친
구가 주변에 있었다. 나는 그 친구를 보며 '그렇게 다 저축
하면 경험할 수 있는 게 한정적이지 않을까?'라고 생각했
던 것 같다. '100만 원 정도 되는 월급에서 80퍼센트를 저

축하면 20만 원으로 내가 무얼 할 수 있지? 그렇게 저축하면 1년 뒤에 960만 원이 모이는데, 그 돈이 당장 1년 뒤 나에게 큰 의미가 있을까?' 싶었다. 물론 '그러다 결혼자금 못 모은다' '나중에 급하게 큰돈 필요하면 어쩌냐' 하는 우려 섞인 충고도 많이 들었다.

불안하지 않았다고 하면 거짓말이고, 불안을 이겨낼 수 있었던 건 투자함으로써 얻는 경험에서 나오는 재미가 더 컸기 때문이다. 배우고 싶은 분야가 있으면 강의를 듣고, 하고 싶은 게 있는데 돈을 주고 해볼 수 있는 거면 그 돈은 쓰는 게 맞다고 판단했다. 돈으로도 안 되는 게 많은 세상에서 돈으로 해결할 수 있으면, 그것도 내 선에서 지불할 수 있으면 감사할 일이었다. 그럼에도 아주 가끔 찾아오는 불안감을 이겨내며 맷집을 키운 것은 부수적으로 얻은 경험이라면 경험일 테고.

그 시간과 노력과 돈이 아깝지 않은 순간은 갑자기 찾아왔다. 내가 일하던 병원 업계에서 불려다니고, 친구의 연봉 상승폭보다 내 연봉의 상승폭이 확연히 달라지기 시작했다. 모든 것이 불확실한 시대일수록 내게 투자한 건 헛되지 않고, 재미와 성장이 복리로 늘어나는 것을 한번 실감하고 나니 한결 자신 있게 투자할 수 있었다. 내게 투자한 돈이 아까워서라도 더 열심히 노력하고, 이왕이면 하나라도 더 누리고, 오롯이 즐거워하고, 실패하고, 슬퍼하고, 호들갑 떨면서, 여러 기회를 얻었다고 생각한다. 그래서 어느 정도 성장을 하려면, 더욱이 사회초년생이라면 자신에게 투자해야 한다고 믿는다.

당장의 경험보다 저축을 하겠다고 마음먹은 사람은, 그것대로 응원하고 싶다. 돈을 모으겠다는 목표를 세우고, 자기 것을 아끼는 감각을 기르는 것도 매우 중요하기 때문이다. 다만 돈을 모은다는 것, 그러니까 통장 잔고가 올라가는 것에만 골몰하지 말고, 내가 소비할 수 있는 한도 내에서 무엇을 택할지 고민하는 열망의 시간에도 집중했으면 좋겠다. 살까 말까 고민하면서 자기 선택에 대한 가치를 부여하는 과정을 충분히 누렸으면 좋겠다. 무언가를 원하는 열망의 시간이 짧아질수록 무분별한 소비를 하기 쉬워지니까. 돈 모으기가 힘들 때는 훗날 더 좋은 걸 사기 위한 인내심을 기르는 중이라는 걸 잊지 않았으면 좋겠다.

덧붙이면, 경험에 투자하는 것도 마찬가지다. 비싸고 좋은 걸 얼른 사고 끝내라는 게 아니라, 그걸 왜 사야 하는지 이유를 찾아보자는 것이다. 저축하는 사람보다 좀 더 마음의 여유를 가지고 말이다.

경제적 여유보다 마음의 여유가 늘 더 커서 마음의 여유는 따로 가지지 않아도 될 때가 많다는 게 웃픈 현실이지만. 경제적 여유도 얼른 차고 넘치면 좋겠다.

내가 생각하는 행복이란?

▶ 덩달아 자주 행복했으면

'자려고 누웠을 때 마음에 걸리는 것이 하나도 없는 것.' 행복에 관한 많은 정의 중 잊을 만하면 돌아온다. 최초로 이 말을 한 사람이 따로 있었을 것 같은 게, 정말 잊을 만하면 유명인 누군가가, 또 잊을 만하면 연예인 누가 이 말을 했다며 콘텐츠로 올라온다. 행복이란 약간 좀 심심한 상태, 일부러 의식할 필요가 없거나 생각나지 않는 것, 문제가 없으면 행복한 것, 사실 행복이란 건 따로 없다 등 행복에 관한 다양한 정의도 사실 저 말에서 변주된 것 같아서 내가 더 자주 느끼는 걸 수도 있지만.

행복에 대한 저 정의와 그 변주 버전들이 맞다고 하기엔 우리는 행복에 대해 너무 자주 이야기한다. 행복해지는 법, 행복이라는 에너지를 나누는 상황, 행복에 관한 수많은 책… 사람들은 자신의 행복 경험을 강연으로 나누기도 한다. 조직문화에서도 행복을 빼놓을 수 없다. 행복이라는 단어를 잊자거나 행복하려는 강박을 버리자고 하기엔 행복이 너무 중요하기에 이렇게 많이 이야기하는 것 아닐까.

내 입장을 밝히라고 한다면, 난 오히려 행복에 대해 자주 말해야 한다고 생각하는 입장이다. 《책은 도끼다》를 쓴 박웅현 작가님은 '행불행은 조건이 아니라 선택이다. 행복은 추구의 대상이 아니라 발견의 대상이다'라고 말했다. 나의 행복도 그런 것들이다. 행복한 순간들은 너무 쉽게 증발되기 때문에 행복을 느낄 때마다 일단 잽싸게 적어두어야 한다.

사랑하는 사람과 맛있는 음식을 먹는 순간
가족들과 이야기를 하다가 서로 웃음이 터졌을 때
좋아하는 카페에서 먹는 맛있는 커피
새로운 계절의 변화가 느껴질 때
제철음식을 먹을 때

아무런 과제가 없는 휴일을 맞이할 때
잠들기 직전
예상치 못한 순간에 흥을 돋우는 노래가 나올 때
김현철과 윤상의 노래를 원없이 들을 때
해가 지기 전 분홍빛으로 물든 하늘을 볼 때
좋아하는 빈티지 컵을 발견했을 때

아주 사소하고 어쩌면 돈과 직접적인 상관이 없는 것들, 그리고 그런 것들을 발견하는 과정이 내겐 행복한 순간들이다. 행복의 조건이나 기준 자체가 높지 않아서 상대적으로 행복의 역치가 아주 낮은 사람이 바로 나이기도 하고. 내 주변엔 작은 것 하나에도 행복해하고 감동받을 줄 아는 사람들이 많아서 덩달아 나도 자주 행복하다. 행복한 순간순간이 많은 사람, 그런 순간을 나눠주는 주변 사람이 많은 사람이 바로 행복 부자 아닐까.

아, 써본 김에 더 적어봐야겠다. 요즘 나를 행복하게 해
주는 것들에 대하여.

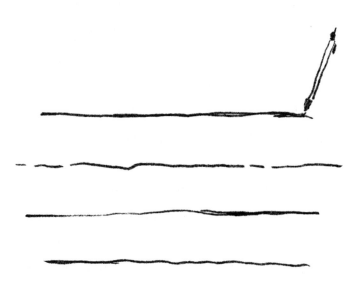

돈 잘 쓰는 법

▶ 많아도 잘 써야 멋있지…

돈을 버는 방법에 대해선 많이 보고 듣는다. 반면 잘 쓰는 방법은 알려주는 사람도, 찾는 사람도 적은 걸까. 애써 찾아도 이렇다 할 정보를 얻기 힘들다. 별로 없는 것 같다. 돈 많은 사람이 자신은 돈을 어떻게 쓰는지 유튜브로 알려주면 세무신고를 당한다든가, 로또에 당첨이라도 되면 연락처는 어떻게 알았는지 그렇게 기부해달라, 투자해달라는 사람이 많다는데… 이런저런 풍문에 진짜 돈 많은 사람들은 조용히 돈을 쓰는 것 아닐까 짐작해본다. 잘못하면 의도치 않게 돈 자랑처럼 보일 수도 있으니까.

다행히 나는 돈 잘 쓰는 법을 배울 기회가 있었다. 우아한형제들 김봉진 전 의장님을 통해서다. 의장님은 경험해보신 것 중 좋은 것은 직원들도 직접 경험해보게 했다. 경험해봐야 일도 잘할 수 있다며 IT 도시인 상해에 마케터들을 보내기도 하고, 무제한 도서비 지원이라는 제도를 만들

어 책 읽는 즐거움과 중요성을 알려주셨다. 최첨단 IT 기술 중 어디에 집중해야 할지, 좋은 책은 무엇인지 판단하는 것은 온전히 각자의 몫으로 둔 채. 답을 알려주는 게 아니라 구성원들이 더 성장해서 답을 찾아갈 수 있도록 자극을 주는 권법이었다. 그런 자극 덕분에 좁은 내 세계가 조금씩 넓어질 수 있었다. 경험에 투자하고 그럼으로써 한층 성장하는 선순환에 올라탔다고 믿고 있다.

돈 잘 쓰는 법을 배울 수 있는 또다른 방법은 뭐니 뭐니 해도 돈을 스스로 운용하는 것이다. 나는 한 달에 한 번 노션 등에 가계부를 쓰면서 재정을 점검한다. 구체적인 액수를 셈하기보다 경험에 투자했는지 혹은 의미 있게 소비했는지 살펴본다. 예를 들어 택시를 많이 탄 달에는 '대중교통을 더 많이 이용할걸' 하고 반성할 수도 있지만, 그 덕분에 절약한 시간의 가치를 떠올린다. 후자가 더 맞다고 생각한다면, 그건 다른 사람이 뭐라 해도 분명 잘 쓴 돈이다.

돈도 써본 사람이 잘 쓴다고, 돈을 버는 것만큼 잘 쓰는 것에도 집중하고 구조를 만들어나가고 싶다. 더 나아가 지금은 나라는 사람의 경험 투자 수준에 머물러 있지만, 나중엔 나도 여러 사람에게 받은 것처럼 사람들의 경험을 바꿔줄 수 있는 것에 내 돈을 투자하고 싶다. 혼자 잘 사는 게 아니라 함께 잘 살 수 있는 사회구조를 만드는 데에 돈을 잘 쓰고 싶다. 식상하게 들리겠지만 진심이다.

그간 뿌듯했던 소비는?

▶ 내가 고른 물건을 보니 내 마음이 보이네

마케터라는 직업상 물건에 관심이 많다. 물욕이 많다는 말로는 설명하기 부족하다. 무언가를 사는 것만큼 자신을 알아가는 데 좋은 방법은 없다는 믿음에 가깝다. 나는 이런 건 안 좋아하는구나, 지난번에도 비슷한 걸 샀는데 또 사네, 사기만 해도 기분 좋은 물건이 있네… 쓸데없는 소비는 없었다고 자신한다. 정신승리하는 거 아니다.

물건을 고르는 기준이 달라지는 걸 보며 내 삶의 방향도 **변하고 있다**는 걸 느낀다. 구체적으로 말하자면, 혼자 살 때는 내가 좋아하는 물건들 위주로 샀지만 이제는 같이 사는 사람을 고려하게 된다. 가령 예전에는 미니카 모으는 걸 너무 좋아했는데, 이제는 우리 부부에게 영감을 주는 물건인지, 그리고 실용적인 물건인지를 따진다. 최근 뿌듯했던 소비도 물때가 안 끼고 보기에도 좋은 스파이럴 칫솔 거치대, 룸 슈즈, 몸에 닿는 수건이나 침구류처럼 특별하지 않지만 우리가 사는 환경(집)을 더 낮게 만드는 물건들이다. 내 기준에선 실용적인데 다른 누군가가 보기엔 보기에만 예쁜 물건들도 여전히 많이 산다. 기준이 다르니 변명할 필요는 없지만, 한 가지 확실한 건 누군가와 같이 살고 있다는 현실을 먼저 떠올린다는 사실이다.

내가 가진 물건이 내가 어떤 사람인지를 보여준다고 한다. 남들에게 어떻게 보일지 의식하며 물건을 사라는 뜻은 아닐 것이다. 내 식대로 해석하면 나라는 사람을 기분 좋게 만드는 물건, 내 삶에 기분 좋게 스며드는 물건을 가까이 두라는 의미인 것 같다. 이는 단순히 좋은 물건을 고르는 소비 감각과는 또 다른 차원의 감각이다. 나만이 구현할 수 있는 감각이니까.

다른 사람에게
추천하고 싶은 물건은?

▶ @uncommon_giftcenter에서 볼 수 있고요

물건이 많다 보니 정리정돈을 자주 하려 한다. 어울리는 색깔별로 모아보기도 하고, 위치를 바꿔보기도 한다. 간혹 '이건 누구에게 더 필요하겠는데'라는 생각이 들면 따로 빼놓는다. 선물이라고도 할 수 없는 물건을 받고 즐거워하는 친구의 모습, 그 물건이 친구의 일상에 도움이 되는 과정을 상상하면 나까지 행복해진다.

플리마켓을 열면 그 행복을 한결 생생하게 느낄 수 있다. 수량이 많아서 플리마켓에 내놓는 물건도 있지만(원래 물건 살 때 하나만 사지 않는다. 쓰다 보면 아쉬울 걸 아니까 여러 개 산다) 내 생각이나 취향이 달라져서 그 의미가 바랜 물건들도 있다. 단지 내게 의미가 달라졌을 뿐 물건의 가치가 없어진 것은 아니니까. 나에게는 의미가 다한 물건이 다른 사람에게 가서 잘 쓰인다는 건 물건의 효용을 넘어서 나의 효용까지 **재발견**하는 기쁨이 된다. 사람들에게 기쁨을 제안하는 사람이라는 기쁨.

좋은 잠을 잤으면 하는 사람에겐 잠옷을, 몸을 챙겨야 하는 사람에겐 영양제를 선물해주는 것처럼 사람마다 추천하고 싶은 물건은 다르다. 그럼에도 성별, 나이 상관없이 누구에게나 추천할 수 있는 물건은 있다. 주로 내가 써보고 너무 좋았던 라이프/리빙 관련 제품들이다. 유해성분이 들어 있지 않은 편백세제인 희녹의 세탁 세제, 닦을 때마다 기분 좋아지는 테클라의 수건, 살림할 때마다 좋은 기분을 선사하는 숙희의 행주들. 이런 물건들은 누구나 매일 한 번씩은 꼭 사용하는 물건이기 때문에 서슴없이 추천한

다. 내가 직접 쓰면서 좋았던 기분을 상대방도 느낄 수 있을 거라 자신하면서 말이다.

포털사이트에 가끔씩 '숭' '숭님'이라는 키워드를 검색해본다. 내가 추천하거나 이야기한 물건 혹은 콘텐츠를 구매했다는 글을 보면 뿌듯하고 성취감을 느낀다. 회사에서는 얻는 것과는 다른, 마케터라는 직업적 마인드와는 다른 성취감이다. 앞으로도 사람들에게 많이 추천하려면… 계속 사겠다는 이야기를 또 돌려서 해본다.

나를 변화시킨 물건은?

▶ '좋은 기분'을 느끼게 해주는 것들

2018년의 내 생일날이었다. 회사 동료이자 친구인 경진에게 무인양품의 잠옷을 생일 선물로 받았다. 살면서 한 번도 잠옷을 따로 마련해 입지 않았을 뿐만 아니라 누군가에게 잠옷 선물을 받은 것도 처음이었다. "숭, 잠옷 없지? 잠옷을 입으면 자는 게 달라져. 밤에 잠도 잘 올 거야. 입어봐봐."

본인이 경험하고 좋았던 것을 꼭 다시 선물해주는 친구 덕분에 나도 잠옷의 세계에 입문할 수 있었다.

목이 늘어진 티셔츠에 추리닝 바지로 자던 나의 수면 생활은, 잠옷 하나로 완전히 바뀌었다.

매일 자기 전에 잠옷으로 갈아입는 리추얼(Ritual, 규칙적으로 행하는 의식, 의례를 뜻한다)은 나의 몸과 마음 상태를 숙면 모드로 전환할 수 있도록 도왔다. 뭐든 시작할 때마다 주변 환경부터 구축해야 삶이 바뀐다고 믿는 나로서,

잠옷을 입는 행위가 좋은 잠을 위한 첫 걸음이라는 것을 깨달았다. 예쁜 잠옷 덕분에 좋은 기분으로 쉽게 잠들 수 있었고 아침에 일어나면 꿀잠을 잤다는 걸 느낄 수 있었다. 일반 티셔츠와 달리 잠옷은 피부에 더 부드럽게 느껴지는 소재로 만들어지기 때문에 촉감이 좋은 이불을 한 번 더 감싸안는 기분으로 편안하게 잠들 수 있었다.

무엇보다 자는 순간까지 나 자신을 신경쓴다는 그 기분이 좋았다. 누구를 만날 때만 멋지게 차려입는 게 아니라 '집에 있는 나'도 신경써주는 느낌. 예전에 방송에서 본 이효리, 이상순 부부의 일화가 생각난다. 남편 이상순이 나무 의자를 만들다가 보이지도 않는 밑바닥에 열심히 사포질을 하는 것을 보고 이효리가 "안 보이는 곳을 왜 이렇게 열심히 해"라고 물었다. 이상순이 "누가 알긴? 내가 알잖아"라고 대답했다고. 맞다, 잠옷도 내게 그런 것이다. 그 누구도 아닌 나를 위해, 내가 나에게 주는 '좋은 기분.'

나도 그 이후부터 자주 잠옷을 선물하게 됐다. 좋은 잠을, 자는 순간까지 자신을 신경쓰는 소중한 마음을, 좋은 잠옷 덕에 꿀잠 자고 난 후 얻는 좋은 기분까지. 이 행복을 내 주변 사람들도 느낄 수 있었으면 좋겠다.

빈티지 컵, 빈티지 책, 필름 카메라…
오래된 물건들을 갖게 될 때마다
내가 동경하는 시대의 한 조각을
내 주머니에 간직하는 느낌이 들어서 좋다.
기술이 좋아지고 빨라질수록
나의 취향은 점점 반대로 향한다.
효율적으로 끊임없이 업데이트되는 세상에서
조금 느리고 번거롭더라도
더 인간적인 쪽으로 향하고 싶은 마음이 생긴다.

빠르고 효율적인 사람보다
나만의 고유한 매력을 가진 사람이 되고
싶어서일지도 모르겠다.

열심히 사는 것 같은데도
불안하고 공허하다면 2

▶ 상담시간을 사봤다

심리상담에 거부감이 있었던 것도 아니고 주변에 심리상담을 받는 사람이 꽤 있었는데도, 비교적 늦게 심리상담사를 찾았다. 상담받는 동안에는 나아졌다가 어느새 다시 힘들어지기도 하고, 상담하면서 더 힘든 순간도 있었지만 결과적으론 좋은 경험이었다. 무얼 하든 불안해했는데 납득할 만한 이유를 찾았기 때문이다. 이유를 찾았다고 해서 불안이 사라지는 것은 아니지만, 불안할 때마다 내가 할 수 있는 일이 생겼다. 내 안에 있는 아이를 들여다보기.

상담하며 '내면아이검사'를 함께 진행했다. 검사 중에 어릴 적 가정환경에 대해 쓰는 시간이 있었는데 '내가 아주 어렸을 때 부모님이 이혼하셨다, 아빠는 나에게 기대하는 바가 없었고, 엄마에 대한 기억은 전혀 없다'라고 썼다. 그걸 본 선생님은 "보통 열한 살까지가 자존감이 형성되는 시기예요. 부모가 아이에게 '네가 무슨 짓을 해도 우리는

네 곁에 있을 거야'라는 마음을 심어줄 수 있는 시기죠. 아이는 자신에게 무한신뢰를 보내주는 엄마 아빠의 눈빛을 보면서 자아존중감을 형성해요"라고 말씀하셨다. 그 시기를 잘 보내야 언제나 나를

믿어주는 사람들이 있다는 걸 알고 무얼 하든 자신감을 가질 수 있는데, 선생님이 나는 그러지 못했다는 것이다. 무얼 하든 불안한 이유, 불안해하는 기질이 강한 것도 그 때문이라고.

그렇다고 어릴 때로 돌아갈 수도 없고, 이렇게 다 컸는데 엄마 아빠한테 따질 것도 아니고, 이미 엎질러진 물을 주워 담을 수도 없고… 선생님도 과거를 원망하라고 그 말을 하신 건 아니었다. 그 대신 **메타인지**를 높여보라는, 내게 가장 적절한 조언을 해주셨다. 상대적으로 남들보다 자존감이 덜 단단해서 불안하고 힘든 감정이 자주 찾아온다는 걸 알고 있으라는 거다. 배가 자주 아픈 사람이 평소 '아, 내가 위가 별로 좋지 않지'라고 인지하고 있는 것처럼 갑자기 우울한 감정이 들면 '아, 어렸을 적에 내 자존감이 잘 형성되지 않아서 자신감도 금방 떨어지지. 불안할 수도 있어. 근데 지금까지 해왔던 것처럼 이 시기를 잘 넘길 수 있어'

라는 식으로 빨리 인지해보라는 처방이었다.

　사람은 누구나 하나쯤 '이미 엎질러진 물' 같은 문제를 안고 있는 것 같다. 지금은 없더라도 언제든 생길 수도 있는 문제다. 심리상담을 하면서 그런 문제는 해결하려 애쓸 필요가 없다는 것도 어렴풋이 알게 되었다. 내가 엎지르지도 않았는데 공들여 닦을 필요도 없고 말이다. 그냥 '물이 엎질러졌구나' 하고 들여다보는 시간도 필요한 것 같다. 당장 달라지지 않지만 시간이 지나면 엎질러진 물은 결국 마를 테니까.

나를 가장 닮은
영화 속 캐릭터는?

▶ '지금'을 살아야 변할 수 있나 봐

〈월터의 상상은 현실이 된다〉의 주인공 월터. 주어진 현실에 맞춰서 살아가다가 하나씩 깨달으면서 변화하는 인물이다. 영화라고 해서 주인공 월터에게 주어진 현실이 마냥 특별한 것도 아니다. '라이프' 잡지사에 16년째 근무 중이라는 설정인데, 치열한 잡지사에서 하루하루 열심히 일하는 샐러리맨이다.

그가 겪는 여정도 매력적이지만 평범한 사람이 차근히 변해가는 모습에서 잔잔한 재미와 감동이 밀려온다. 여러 사람을 만나고 난생처음 가본 곳을 여행하고 그간 몰랐던 이야기도 알아가면서 변화하는 모습이 감동적이다. 다른 사람들이 나를 어떻게 볼지 모르겠지만 내가 본 나는 보수적이고 쉽게 변하지 않는 면이 많다. 그럼에도 월터처럼 변해왔고, 앞으로도 변해가고 싶다.

　　이 글을 쓰면서 찾아보니 이 영화의 해외판 포스터의 한 카피는 'Stop Dreaming, Start Living'이다. 많은 사람들이 '지금을 살아'라고 의역해 써놓은 게 뭔가 의미심장하게 느껴지는 건 기분 탓일지.

앞으로
자주 해야 할
질문들

▷ 어떻게 다르게 할 수 있을까?

블로그, 인스타그램, 유튜브 중 하나만 남긴다면?

▶ 나를 만드는 것 중 가장 중요한 것

블로그도, 인스타그램도, 유튜브도 하는 이유가 각기 다르므로 지금도, 앞으로도 하나만 남길 수는 없다. 그래도 우선순위를 정한다면 블로그 > 인스타그램 > 유튜브 순서일 것 같다. 블로그가 나를 남기는 도구라면, 인스타그램은 내 경험을 남기는 도구이고, 유튜브는 내 생각을 전하는 도구에 가깝다. 지금 나에게 나의 무엇이 가장 중요하냐에 따라 순위는 또 바뀔 수 있다.

하나 하나 더 자세히 살펴보면 블로그에는 나라는 사람을 아카이빙하는 것과 나를 보여주고 싶은 마음이 공존한다. 단순히 아카이빙을 위한 거라면 메모장에 쓰고 혼자 봐도 될 텐데 굳이 블로그에 써서 올리는 이유는, 내 일상의 한순간을 포착해 올리는 인스타그램이나 편집해서 올리는 유튜브와는 또 다른 공간이기 때문이다. 비교적 자유롭게, 제한 없이, 남들을 의식하지 않은 채 내 삶의 흔적들을 쌓아놓고 검색도 할 수 있는 드라이브 같은 곳이다.

언젠가 강연장에서 만난 한 고등학생은 매일 일기를 쓰고 있다고 말했다. 10대에는 기록과 거리가 멀었던, 그래서 그때의 기억도 별로 없는 나는 그 친구가 너무 부러웠다. 초등학생 때는 일기장을 검사했으니 그나마 일기를 썼던 것 같은데, 지금 이렇게 기록을 좋아하는 내가 신기할 만큼 중고등학교 때는 기록이나 자료가 남아 있지 않아 아쉬울 때가 많다.

인생에서 10대는 자신이 누구인지 알아가는 시작점이다. 하지만 보통 그때부터 우리는 만들어진 제도와 목표에 맞춰 살기 시작한다. 대체로 수능성적에 맞춰 전공을 찾고, 그 전공에 맞춰 내 직업을 찾는다. 그렇게 시작한 나의 20대는 다시 돌아가고 싶지 않을 만큼 불안했고 방황도 많았다. 내 삶에 대해 스스로 고민해보지 못했던 10대를 보냈으니 어쩌면 당연한 결과였다. 내가 시작된 그 시절로 돌아가 나를 알아보고 싶었지만, 기록이 없으니 돌아갈 곳도 없었다. 마치 원래부터 나는 없었던 사람처럼 느껴져 더욱 혼란스러웠던 것 같고.

다행히 스물일곱 살의 그 여름날 이후, 내 생각과 기록들은 블로그에 차곡차곡 쌓여 있다. 훗날 어느 때고 나를 잃어버린 것 같은 기분이 들 때, 이번에는 기록들을 보며 나를 찾을 수 있을 것이다.

내 이름의 연관검색어로 떴으면 하는 세 단어

▶ 내가 하는 일을 가장 잘 보여주는 단어들

마케터, 작가, 이승희의 영감노트.

'마케터'와 '(베스트셀러) 작가'는 예전부터 바랐던 단어다. 지금 기준으로 하나 더 추가하자면 유튜브 채널 '이승희의 영감노트'까지, 이 세 가지가 내 이름의 연관검색어로 떴으면 좋겠다. 이 세 단어가 나를 가장 잘 보여주기도 하고, 앞으로도 인정받으며 잘하고 싶은 일들이기 때문이다.

마케터라는 직업은 내가 하고 있는 일 중 가장 재미있게 잘할 수 있는 일이라고 생각한다. 언제까지 마케터로 살지는 모르겠지만, 마케터라고 불릴 때 여전히 가슴이 두근거린다. 유튜브는 본격적으로 시작한 지 얼마 되지 않았지만 있는 그대로의 나를 보여주기에 좋은 매체라고 생각한다. 나의 현재 모습이 화면에 담길 뿐 아니라, 내가 전하려는 이야기에 좀 더 집중해 생생하게 편집할 수 있어서 좋다. 텍스트가 아닌 영상으로 내 생각을 전한다는 것도 매력적이다. 이왕 하는 거 잘 만들고 싶다.

이 세 단어를 정하고 보니 나를 표현하는 데는 많은 말이
필요하지 않다는 생각이 든다. 많은 행동은 필요하겠지만.

매년 책을 내는 이유

▶ 유튜브 vs. 글쓰기 vs. 책 쓰기

베스트셀러 작가 지망생으로서 책 이야기는 진지하게 해야 할 것 같다. 20대 때 첫 책을 낼 때만 해도 '책을 쓴다'는 것을 진지하게 고민하지 않았던 것 같다. 첫 책 쓰는 것 말고도 눈앞에 있는 것이면 뭐든 정신없이 몰입하느라 바빴다. 그러다가 30대 초반에 문득 '내가 잘 살고 있나?' 하고 물어봤던 것 같다. 그때 정신 차린 내용을 누군가는 책으로 쓰고, 누군가는 유튜브로 풀어내기 시작한다.

지금 나는 유튜브도 하고 책도 내지만 '왜 책을 쓰냐'는 질문은 무게감이 좀 다른 것 같다. 실제로 매년 책을 쓸 때마다 '이런 경험을 책으로 써도 될까?' 하고 고민한다. '책으로 내면 지울 수 없는 기록이 되는데⋯ 나는 나이 들고 변할 텐데 괜찮을까?' 하는 불안감도 든다. 특히나 일 이야기를 할 때면 아직 경험도 많이 부족하고 마케팅의 구루와 전문가가 이렇게나 많은데 내가 이야기해도 될지 망설여진다. 그럴 때마다 "50대가 되어도 '나 전문가 아니야'라는 사

람도 있어요. 그 나이에만 쓸 수 있는 글들이 있으니까 계
속 쓰세요"라는 말에 기대어 조금씩 쓴다.

책을 내는 것은 글을 쓰는 것과는 의미가 조금 다르다.
글을 쓰는 이유는 하나로 단정할 수 없다. 억울할 때도 쓰
고 소중한 시간을 기록하고 싶을 때에도 쓴다. 일을 더 잘
하고 싶을 때에도 글을 쓴다. 하지만 혼자 쓰는 글이 아니
라 독자를 대상으로 하는 글쓰기, 즉 작가라는 이름으로
글을 쓸 때는 이유가 달라진다. 책을 쓰는 매 순간 나의 부
족한 면을 발견하고 그걸 드러낼 용기를 내는 등 힘든 과정
을 거쳐야 하지만, 지켜보는 사람(독자)이 있다고 생각하면
해내고 싶고, 해낼 수 있다. 작년 책을 보곤 그러지 않았는
데 올해의 내 책을 보고 무언가를 하겠다고 결심하는 사람
이 생길 수 있고, 나에게도 응원할 동료가 새로 생기는 것
이니까. 책을 쓰고 나면 내 삶에서 또 **다른 무대**가 펼쳐지

는 것 같다.

　어쩌면 미래의 나에게 메시지를 보내는 것일지도 모르겠다.

승희야, 계속 열심히 살자!

블로그 = 나를 남기는 도구
인스타그램 = 내 경험을 남기는 도구
유튜브 = 내 생각을 전하는 도구
책 = 내 삶의 다음 스테이지를 열어주는 도구

모두 나를 기록하는 도구.
나의 어떤 부분을 가장
중요하게 생각하는지에 따라
도구의 중요성도 달라질 것이다.
지금은 그 어떤 나도 포기하고 싶지 않으니까.
오늘도, 바쁘다 바빠.

책 꼭 읽어야 할까?

▶ '볼 것도 많고 인터넷에 잘 나와 있는데…'
　라며 받은 질문입니다

책을 읽는 진짜 이유는 **생각하는 힘**을 기르고 싶기 때문이다. 그런 의미에서 '요즘 볼 것도 많고, 인터넷에 이렇게 자세히 나와 있는데 굳이 책까지…'라는 말은 내게 틀린 말이다. 난 책으로 재미나 정보를 얻고 싶은 게 아니라 생각하는 힘을 키우고 싶다. 유튜브 영상이나 블로그 글은 재미나 정보를 줄 수 있지만 (내 기준에선) 스스로 생각하는 힘을 길러주진 않는다. 책은 조금 더 긴 호흡으로 생각하는 힘을 길러준다.

'생각'이라는 말을 잘 생각해야 한다. 손에 잡히지도 눈에 보이지도 않으니까 내 생각인지 네 생각인지 헷갈릴 때가 많은 것 같다. 내가 스스로 생각해낼 수 있어야 '생각하는 힘'이다. 이게 무슨 말이냐고 되물을 것 같은데, 유튜브에서 본 유현준 교수님, 송길영 부사장님의 말씀을 빌려보면 '생각하는 힘'이란 이런 거다. '천 권의 책을 읽어도 질문하지 않고 생각하지 않았다면 그냥 천 명의 생각을 읽은 것과 같다.' 책을 읽으면서 (그러니까 다른 사람의 생각을 읽으면서) 질문하고, 나 자신은 어떤지 돌아보고 생각하는 것, 천 권을 읽으면 천 개의 생각을 떠올릴 줄 아는 게 '생각하는 힘'이다. 책을 잘 읽는 법이란 곧 생각하면서 읽기, 질문하면서 읽기와 같다.

'생각만 하지 말고 행동하라'는 말 때문에 '생각'의 가치를 쉽게 오해하는 것 같다. 하지만 생각하는 힘은 행동하는 힘과 크게 다르지 않다. 한때 나도 부자가 되고 싶어서 부자 관련된 콘텐츠를 열심히 본 적이 있다. 가장 흥미로웠던 것은 그 모든 콘텐츠에 독서하라는 이야기가 꼭 있었다는 점이다. 어떤 한 분야를 깨우치려면 100권 정도 읽으라고, 부자가 되고 싶다면 부자에 관한 책을 100권 읽으라는 식이다. 실제로 그렇게 읽고 양질의 콘텐츠를 올리는 유튜버도 있었다. 부자 되는 법, 성공하는 법 등 자기계발서는 다 거기서 거긴데 뭐하러 읽느냐는 사람도 있지만, 많이 읽다 보면 자신만의 맥락이 보인다. 그것이 그 분야에 대한 나만의 생각, 코어이고.

코어가 바로 서야 몸이 바로 서고, 서 있어야 무엇을 하든 어디로든 갈 수 있다. 아직 행동하지 못하고 있다면 그만큼 생각이 무르익지 않아서인 건 아닐까. 생각이 무르익어 행동이 바뀔 때까지, 계속 읽어야 한다.

요약본, 빨리감기…
콘텐츠 이렇게 봐도 될까?

▶ 보기 바빠 즐거워할 새가 없다

빨리감기로 보지 않는 프로그램이 몇 개 있다. 〈유퀴즈〉와 〈환승연애〉 〈나는 솔로〉 같은 연애 프로그램. 이 말을 들은 지인은 "〈유퀴즈〉랑 연애 프로그램은 성격이 너무 다르지 않아요?"라고 물었다. 〈유퀴즈〉는 얻는 지식도 있고 몰랐던 훌륭한 사람들도 알게 되고 여러모로 유익한데 〈환승연애〉나 〈나는 솔로〉는 그렇지 않다는 뜻일 것이다. 시간이 아깝지 않냐는 의미이기도 했다. 연애 프로그램은 절대 시간이 아깝지 않다고 강력히 항변했다. 하지만 한편 그 지인처럼 나도, 다른 프로그램을 대며 그런 질문을 한 적은 없나, 시간 아깝다고 판단한 적은 없는지 돌아보게 됐다.

돌아보니, 있었다. 송혜교 주연의 드라마 시리즈 〈더 글로리〉가 한창 인기일 때였다. 친구는 "나는 하루에 콘텐츠 보는 시간이 너무 많아서, 이 드라마는 몰아보기로 보려고"라고 말했다. 이미 네 시간 넘게 정주행하고 있던 내가 시간의 경중을 따지게 되는 순간이었다. '이 드라마에 여덟 시간을 투자해도 될까? 나도 다른 것에 시간을 더 투자해야 하는 것은 아닐까' 하는 마음에 몰아보기로 내용을 먼저 확인한 후 다시 정주행했다. 계산기를 두드려보니 결과적으론 몰아보기만큼의 시간을 더 썼다. 이게 무슨 '언 발에 오줌 누기' 같은 행동이냐 싶지만, 그 과정에서 시간보다 더 중요한 걸 깨달았으니 남는 장사였다고 위로해본다.

드라마와 영화 등 영상 콘텐츠를 몰아보기 혹은 빨리감기로, 책이나 기사를 요약본으로 보는 이유는 '실패하고 싶지 않은 마음' 때문이다. 가성비, 가심비를 넘어서 **시심비**(時心比), 그러니까 시간 대비 만족도인 '시간 가심비'를 따지는 것이다. 현대사회는 시간이 중요한 자본이니까. 다양한 시행착오를 거쳐야 한다는 청년 시기마저 시간의 효율을 따질 수밖에 없는 현실이 때론 가혹해 보이지만 어쩔 수 없다고 여긴다. 시간은 아껴 써야 하고, 지금 이걸 보지 않으면 대화에 끼지 못하고 트렌드에 뒤처질 수 있으니까. 문제는 그럴수록 콘텐츠가 '지금 섭렵해야 할 것', 말하자면 정보가 되어버려 '즐기는 마음'의 자리가 줄어든다는 사실이다. 볼 게 많고 바쁘다는 이유를 대지만 사실상 정보를 습득하기에 바빠 즐길 새도 없는 악순환에 올라탄 상태다.

좋은 콘텐츠, 내 삶을 풍부하게 해줄 콘텐츠는 알아야 할 대상이 아니라 내 감각을 깨우는 경험에 가깝다. '많이 경험해야 한다'는 말에 콘텐츠를 즐기는, 실패하는 시간도 포함해야 하는 것이다. 무수히 실패해야 좋은 경험 자산이 쌓이고, 이건 결국 인생이라는 긴 시간의 시심비를 높여줄 것이다.

오늘은 뭘 보면서 실패해볼까. 고르다 보니 이거야말로 가장 유쾌한 실패 같다.

내 마음을 두드린 한마디

▶ 비슷한 삶을 풍요롭게 사는 법

"길을 찾았다고 생각한 순간, 넌 다른 길로 던져질 거야."

〈겨울왕국 2〉에서 이 대사를 접했던 순간, 마치 겨울의 맑고 찬 공기를 쐰 것마냥 머릿속이 시원해졌다. '아, 그렇지. 인생이라는 건 원래 그런 거지.' 종종 인생을 길에 비유한다. 한 길을 걷다가도 갈림길을 만나는 게 삶이라고들 말한다. 이렇게 적고 보면 당연하고도 식상한 말인데, 언제 어디에 어떻게 쓰느냐에 따라 전혀 다른 방향을 제시하는 것처럼 느껴질 때가 있다. 같은 상황을 화려한 말로 표현하는 것도 멋있지만, 평범한 말로 나만의 특별한 순간을 표현할 때 울림이 더 큰 것 같다. 그래서인지 영화 속 대사를 기록하는 건 책 속 문장을 기록하는 것과는 또 다른 느낌을 줄 때가 많다.

내가 쓰는 단어에 따라 내 삶의 크기나 깊이가 정해지는 것 같다. 맛있는 것을 먹어도 '와, 이거 맛있다! 여기 괜찮네. 다음에 또 올까?' 정도로밖에 표현하지 않으면 산해진미를 먹었더라도 소용없다. 물 한 잔을 마시더라도 다르게 표현하면 새로운 물을 마신 것이고, 비슷한 일상도 그간 해왔던 말과 다르게 표현하면 색다르게 느껴진다. 매일 똑같아 보이는 일상을 조금 다르게 느끼는 방법이다.

사실 인간으로 태어난 이상, 어느 정도 비슷한 삶을 살아간다고 생각한다. 좀 더 큰 집에 사느냐 작은 집에 사느냐 하는 차이야 있겠지만, 돈이 아무리 많아도 하루에 열 끼를 먹을 수 없고, 하루 24시간 이상의 시간을 살 수도 없다. 주어진 시간에 인간이 할 수 있는 일이란 한계가 있기 마련이다. 하지만 **표현력**이 클수록 비슷한 삶은 좀 더 풍요로워지는 것 같다. 자신이 어떻게 은유하면서 살아가는가에 따라 삶은 얼마든지 달라질 수 있다. 풍요로운 삶은 풍요로운 생각과 표현에서 시작된다고 믿는다.

그래서 표현력이 뛰어난 사람들의 글이나 말은 꼭 메모해둔다. 그중에서도 이동진 영화평론가의 이야기를 듣고 있으면 정말 놀랄 때가 많다. 유튜브 라이브에서 '교양을 쌓기에 영화와 책 중에 무엇이 더 좋냐'는 질문에 그가 답한 것을 기록해두었다.

영화는 말하자면 술 같은 거고요,
책은 물 같은 거고요.
책은 우리를 좋은 의미에서 차갑게 만들고
영화는 좋은 의미에서 뜨겁게 만드는데
이성은 기본적으로 차갑거든요.
교양에 관한 한 영화가 책을 이길 수는 없습니다.

어떻게 이렇게 표현할 수 있을까? 섬세한 은유가 오늘도 내 마음을 두드린다.

책 많이 읽는 방법

▶ 이 온도… 습도… 분위기…

어렸을 때로 돌아간다면 책을 많이 읽을 것이다. 그 많던 시간에 책을 읽었다면 생각하는 힘도 지금보다 더 강해졌을 텐데. 지금은 없는 시간 쪼개서 책 읽고, 생각도 해야 한다. 새로 나온 책, 읽고 싶은 책, 읽어야 할 것 같은 책은 어찌나 많은지… 많이 읽고 싶다는 소망에 비해 실천은 아직 한참 부족하다. 그래서 '어떻게 하면 책을 많이 읽을 수 있을까?'라는 질문은 실제로 많이 받기도 하지만, 나도 여전히 고민 중인 주요 과제다.

많이 주워듣고 해보고 나름대로 효과를 본 방법은 세 가지다.

1. 주변에 책 읽는 사람을 둔다.
2. 책 읽기 좋은 환경을 세팅한다.
3. 서점에 자주 간다.

책을 많이 읽지 않던 내가 자연스럽게 책을 많이 접하게 된 것도 딱 이 방법들 덕분이었다. 예전에 다녔던 회사 복지제도 중 하나가 '마음껏 책 읽을 수 있는 환경'이었으니 주변에 책도, 책 읽는 사람도 많았고, 반드시 오프라인 서점에서 책을 사라는 방침 덕분에 서점도 자주 갔다. 퇴사하고서는 이제는 다른 누가 아닌 내가 이런 **환경**을 만들어야 했다. 쉽지 않은 일이지만 그래서 더 가치 있는 일이기도 하다.

주변에 책 읽는 사람을 두려면 내가 책을 많이 읽어야 한다. 책 읽기 좋은 환경은 나를 잘 알면 된다. 책 읽는 대신 핸드폰을 보고 싶은 나를, 그냥 누워 있고 싶은 나를, 놀러다니고 싶은 나를 어르고 달랠 줄 알아야 한다. 편한 의자, 아끼던 인센스, 적절한 조명, 가사 없는 음악 등 온도, 습도, 분위기를 총동원하면 책 읽을 마음과 의지가 조금은 생긴다. 서점을 자주 가려면 어딜 가든 근처에 서점이 있는지

검색해보는 습관을 들이면 된다. 아마 중고서점이라도 있을 것이다. 아니면 약속 장소를 서점으로 잡는 수고라도 해보자. 이렇게 하다 보면 진짜 나름의 효과가 있다. '나름'을 꼭 붙이는 이유는 '더 많이' 읽고 싶어서라고 해두자.

고전을 꼭 읽어야 할까?

▶ '인간은 나이 들어야만 알도록
  설계된 것 같다'

책을 많이 읽고 싶다는 마음 한 켠에는 고전을 읽고 싶다
는 바람이 늘 있다. 읽을 책이 많아서 고전까지 가기 힘들
다는 게 문제지만. '고전을 꼭 읽지 않아도 된다'고 말하는
사람들 덕에 스트레스 받지 않지만, 그래도 언젠가는 고전
을 읽어야 한다는 마음이 또렷하게 자리잡기 시작했다.

고전을 읽고 싶은 이유는 어쩌면 내가 계속 질문하는 이
유와도 맞닿아 있다.

언젠가부터 계속 같은 문제에 부딪히고 있다고 생각했
다. 책을 쓸 때도, 마케팅을 할 때도, 회사에 다니는 도중에
도 늘 같은 문제를 반복적으로 마주한다. 다행히 나만 그
런 건 아니었다. 겉으로 드러나는 모습은 조금씩 다르지만
모두 비슷한 문제를 겪고 있는 것 같았다. 커리어, 결혼, 집,
육아, 관계 등 흔하디흔한 문제들이다. 그럴 때마다 우리는
각자 자신에게 맞는 솔루션을 찾아 해결한다. 책을 읽든,

누군가에게 조언을 구하든, 그 상황을 참고 넘어가든. 인간으로 태어난 이상 비슷한 패턴, 그러니까 **본질**은 같은데 형태만 다를 뿐 같은 문제와 경험을 반복하는 것 같았다. 모두가 그렇다니까 위안을 받으면서, 어찌저찌 해결해가니까 다행이고, 그래도 문제는 문제니까 힘들어하면서.

잔잔하게 힘든 날이 계속되던 어느 날, 그 본질을 알고 싶어졌다. 인간의 본성이랄지, 삶의 본질이랄지, 코어라고 부를지 핵심이라고 할지, 아무튼 그것 말이다. 'Simple & Classic is the Best'라고 할 때 심플과 클래식을 맡고 있는, 유행을 타지도 않고 모든 게 변해도 변하지 않고 남아 있다는 그것 말이다. 시중에 출간된 책이나 우리가 아는 솔루션들도 결국은 인간의 본성이나 삶을 바탕으로 한 고전에서 변형, 변주되어 나온 것이라고 하니, 고전에 담긴 본질을 알면 문제를 해결하고 앞으로 나아갈 수 있을 것 같다는 막연한 기대감이 들었다.

고전의 필요성을 느꼈다고 했지 읽고 있다고 하지는 않았다. 생각만큼 고전 읽기란 쉽지 않다. 읽고 싶은 책, 읽어야 할 책이 하루가 멀다 하고 나오니 고전까지 손을 뻗을 시간은 없고, 마음먹고 집어들었다가도 어려워 보여서 금방 내려놓는다. 고전을 읽는 게 공부처럼 느껴져서다. 학교 다닐 때 역사, 국사, 지리 공부하라고 하면 너무 싫었는데, 지금은 여행지에 가서 번역기 돌려가며 본 안내판에 적힌 역사가 어찌나 재미있는지. 고전도 재미있어질 때가 올 거라 믿고 싶다.

〈유퀴즈〉에 출연하신 김혜자 선생님께서 말씀하셨다. "젊을 때 백날 '이렇게 해라' '저렇게 해라' 나이 든 사람들이 아무리 말해줘도 몰라요. 아무래도 인간은 나이가 들어야만 알 수 있도록 설계된 것 같아. 참 신기해요."

계속 같은 문제에
부딪히고 있다고 느껴질 때

방법 1. 고전을 읽으며 삶의 본질을 깨닫는다.
방법 2. 여행을 떠나 나의 세계를 확장한다.

내 인생의 소울시티

▶ 나를 움직이게 하는 도시는 어디?

식상한 이야기 같지만, 2018년에 뉴욕을 다녀온 후에 많은 게 달라졌다. 모든 걸 바라보는 '기준'이 바뀌었달까. 뉴욕을 기점으로 나의 세계가 확장되는 기분이었다. 뉴욕은 말 그 대로 세계의 중심, 메트로폴리스 그 자체였다. 뉴욕에 일주 일 다녀온 후 사람들을 만날 때마다 "트렌디함의 끝판왕은 뉴욕이지!"를 외치다가, 못 참고 6개월 후에 또 갔다. 길을 걷기만 해도 어젠다가 훅훅 들어오는, 나도 모르는 무언가 를 막 하고 싶어지는, 통하는 게 많은 도시인 뉴욕은 나에 게 소울시티가 되어버렸다.

그렇다. 내가 생각하는 소울시티의 정의는 '나를 **움직이게** 하는 도시'다. 그런 점에서 내가 생각하는 소울시티와 반대 편에 있는 도시는 싱가포르다. 호기심과는 거리가 먼 도시. 싱가포르는 모든 것에 이유가 있다. 모든 것에 이유를 명시 하고 그에 맞게끔 행동하도록 정해져 있다. 여성을 위한 배 려, 약자를 위한 배려 등 사회질서가 잘 유지된다는 장점도 거기서 나온 것일 테지만, 그 때문에 모든 것이 예측된달까. 놀 것도, 먹을 것도, 쉴 곳도 후보들이 정해져 있는 편이다. 다른 생각을 하게 해주는 것, 그 나라에서만 볼 수 있는 것들이 여행의 매력이자 이유인데, 나에게 싱가포르는 그렇지 않아 심심했다. 어딜 가도 예상 가능해서 심심할 정도로.

발리도 명백하게 '휴양지'라는 이미지 혹은 기능을 갖고 있다는 점에서 싱가포르만큼이나 예측 가능하다. 하지만 발리에서 바투르 등산을 해보니 '이게 휴양인가?' 하는 의외성도 있었다. (너무 힘들었다;;) 영적인 에너지를 불어넣어주는 포인트도 많아서 신기했다. 요가를 하는 친구들이 발리를 좋아하는 것도, 한두 달 살아보고 싶다며 발리로 떠나는 사람들이 많은 것도 어쩌면 그런 매력 때문일 것이다.

뉴욕과는 전혀 다른 이유로, 소울시티를 하나 더 꼽자면 베를린이다. 묘하게 한국의 정서와 비슷하게 느껴졌다. 서

울과 비슷한 무드도 있고 은근히 덤덤한 사람들의 태도도 좋았다. 가는 곳마다 그래피티로 도배된 풍경을 보면서 기록의 도시이자, 자기표현을 잘하는 사람들이 사는 곳이라 생각했다. 솔직히 뉴욕에 살면 재미있으면서도 좀 정신없을 것 같은데, 당장 베를린에서 산다면 혼란 없이 자연스럽게 적응할 수 있을 것 같다. 이곳도 고작 두 번 가본 거라서 자신할 수는 없지만.

여행지에 딱 세 가지 물건만
가져갈 수 있다면

▶ 겪어보지 못한 세상을 만드는 일 1

이 질문에 답하다 보니, 여행지에 무얼 들고 가느냐에 따라 전혀 다른 여행이 될 수 있다는 걸 깨닫는다. 필기구, MP3 플레이어, 돗자리. 이 세 가지만 있으면 집 근처 작은 시냇가든 나무 그늘이 있든, 여행 떠난 기분을 낼 수 있다. 누워서 음악을 듣고 글을 쓰는 여유롭고 충만한 시간이 흐르는 돗자리 위만큼은 나만의 작은 여행지, **세이프존**이 되는 것이다. 한 가지 더 욕심을 부려도 된다면, 그때의 온도와 분위기, 기분을 오롯이 담을 수 있는 필름 카메라를 챙길 것이다.

지금 나에게 필요한 여행은 불필요한 자극에서 벗어나는 것이라서 이런 대답이 나왔는지도 모를 일이다.

딱 한 권의 책만 소유할 수 있다면

▶ 겪어보지 못한 세상을 만드는 일 2

이 질문은 '무인도에 떨어졌는데 딱 한 권만 가져갈 수 있다면 어떤 책을 가져갈 거야?'라는 질문과 똑같은 의미로 이해했다. 마음 같아선 내가 기억하고 싶은 책들의 문장과 사람들의 말을 모아서 비매품으로 한 권 만들고 싶다. 한 권만 고르라는 건… 너무 가혹하다. 그러고 보니 이 가혹한 질문에 흔쾌히 답해준 사람들이 있었다. 10대인 조카 채채는 윤동주 님의 시집을 골랐다. "그 시집을 계속 보면 윤동주 시인은 쉽게 포기하지 않는 사람 같아. 뭔가 지치고 힘들 때도." 본인도 쉽게 포기하지 않기 위해 이 책을 골랐다고 했다.

자신이 추구하는 삶의 방향으로 책을 고른 친구, 무과수도 있었다. "한 권만 고르기 어렵지만 요즘 기준으로 고르면 《0원으로 사는 삶》. 결국 내 삶의 본질은 자급자족이 베이스라는 걸 이 책을 읽고 깨달았어. '0원으로 살아야 해'가 아니라 '살고 싶다'야." 그날따라 친구가 어딘지 모르게 좀 더 깊어진 것 같았는데 그 책 덕분일지도 모르겠다.

　다양한 버전으로 이 질문을 받을 때마다 나는 언제나 '해리포터 시리즈'를 떠올린다. 초등학생 땐 해리포터 책을 읽느라 지각하기도 하고, 내려야 할 버스 정류장을 지나치기도 했다. 나의 삶에선 느낄 수 없는 세상의 많은 감정들을 느끼게 해준 책이다. 어른이 된 지금, 종종 해리포터 시리즈를 펼칠 때면 현실에서 일어난 일들을 상상한다. 카페에서 글을 쓴 작가, 그 원고를 출판하기로 결심한 사람, 영화관에서 퀴디치 경기를 볼 때 느꼈던 짜릿함, 해리포터 세계관에서 나와 자신만의 이야기를 꾸려가는 배우들까지… 책을 읽으면서는 겪어보지 못한 세상의 즐거움을 느끼고, 책을 덮으면 그 어떤 이야기보다 현실적인 삶을 상상하게 해주는 해리포터 시리즈야말로 언제 어느 때고 흥미로운 삶을 살도록 도와줄 수 있지 않을까.

오늘 하루 핸드폰이 없다면?

▶ 스크린타임을 줄이려는 노력

이제는 핸드폰 없는 세상을 상상하는 게 낯설게 느껴진다. 내가 초등학생일 때만 해도 전기 자동차, 날으는 자동차, 전화기를 무선으로 들고 다니는 세상을 상상해서 그림으로 그렸다. 그 상상이 현실이 된 지금, 어렸을 때와 비슷한 듯 다른, 지금은 핸드폰 없이 사는 게 불가능할 것 같아서, 겪어보지 못한 세상을 상상하는 일처럼 느껴진다.

다시 현실로 돌아와서 만약에 오늘 핸드폰이 없다면, 우선 아이패드를 찾으려나?! 아이패드도 쓸 수 없는 상태라면 노트북… 데스크톱… PC방… 나를 비롯한 많은 사람이 막막한 마음으로 핸드폰을 대체할 수단을 찾을 것이다.

하지만 사실 우리는 이미 가끔씩 핸드폰 없는 시간을 겪는다. 타의에 의해 로그아웃되는 시간. 바로 비행기 안에 있을 때다. 물론 요즘은 기내 와이파이가 서비스되는 경우도 있지만, 대체로 인터넷을 사용할 수 없다고 생각해 책이나 영화를 챙긴다. 그러니 비행기를 타고 주로 하는 행동들은 핸드폰 없이 보내는 시간과 비슷하지 않을까.

기내에 있던 시간을 떠올리며, 핸드폰 없는 시간을 상상해본다. 다행히 기내가 아니니 좀 더 자유롭다. 일단 노트와 필기구, 돗자리를 챙겨서 내가 좋아하는 숲으로 갈 것이다. 돗자리 펴놓고 누워서 그동안 못 읽었던 책들을 읽고, 노트에는 그동안 마음속에 쌓인 글들을 쏟아낼 것 같다. 써놓고 보니, 지금도 충분히 할 수 있는 일들이다.

요즘은 부단히 스크린타임을 줄이려고 노력하고 있다. 아홉 시간에서 여섯 시간으로 줄였지만 갈 길이 멀다. 깨어 있는 시간 중 아홉 시간이나 핸드폰을 보고 있다는 것 자체가 좀 충격적이었다. (남편의 스크린타임은 두 시간인데!)

얼마 전 친구들과 스크린타임을 주제로 이야기하다가, 한 친구에게 이런 말을 들었다. "외로울수록, 혼자 살수록 핸드폰을 더 많이 보게 되는 것 같아." 그런가? 맞는 것 같기도 하고 아닌 것 같기도 하지만, 하나만은 분명했다. 핸드폰과 멀어지는 시간은 결국 누군가와 얼굴을 마주 보고 **대화**를 나누고 어딘가에 다가가는 시간이 된다. 가족, 친구들과 더 자주 만나고, 온라인이 아닌 실제 사람들의 삶으로 들어가는 시간. 그 시간을 최대한 늘리려면 핸드폰을 덜 보려는 노력을 우선순위에 두어야 하지 않을까. 배우 한소희 씨는 일부러 폴더폰을 쓴다고 한다. 폴더폰으로도 어플을 사용할 수 있지만, 느려서 잘 사용하지도 않고 자연스럽게 폰을 보지 않게 되어서 좋다고. 의도적으로 폰을 안 보고 일상에 집중하기 위해, 저마다의 방법을 찾아가고 있는 것 같다.

최근 《도둑맞은 집중력》이라는 책을 정말 재미있게 읽었다. 가장 인상적이었던 대목은, 무료 콘텐츠를 보면서 좋다고 느끼지만 그건 사실 우리의 시간과 깊이 있는 사색을 빼앗기는 것이라고 말하는 부분이었다. 내 식대로 이야기해 보자면 핸드폰을 보는 동안 나에 대해 생각할 시간을 빼앗기는 것이다. 스크린타임이 길다는 건 그만큼 남들의 인생을 더 보고 있다는 증거니까. 스크린타임이 길어질수록 나를 둘러싼 소음은 커지기 마련이고, 그 소음을 뚫고 내 목소리를 내는 건 또 다른 에너지를 필요로 한다. 사람들과 비교해 나의 다른 점을 알아갈 수도 있지만, 그것도 내가 기준을 잡고 있어야 가능한 일이다. 소음에 휩쓸리는 건 한순간이다.

'지금의 내가 진짜 나일까' '사실은 내가 아닌 남들이 원하는 것을 따라 하고 있는 건 아닐까' '나다운 건 뭘까' 등 나에 대한 고민은 나를 들여다볼 시간이 충분해야 답할 수 있다. 이만하면 핸드폰을 잠시 내려놓아야 할 이유가 충분한 것 같다.

지금 내 스크린타임은 다시 늘었다.
내가 '요즘 우울하고 무기력하다'
'아무것도 하기 싫다'고 했더니,
친구는 유튜브를 다시 해보라고 권했다.
편집도 못하겠고 오글거려서 멈칫했는데,
내가 나오는 콘텐츠에
푹 빠진다고 마음을 먹으니
조금 더 편안하게 할 수 있게 되었다.

요즘의 스크린타임엔
내가 나를 많이 사랑하는 마음이 담겼다.

살면서 해본
가장 파격적인 행동은?

▶ 뒷일을 생각하는 중

내가 유부녀라니? 내 인생에 결혼이라니? 내가 이제껏 살면서 한 행동 중 가장 파격적인 것은 단연, 결혼이다. 예전에는 내 삶에서 고민해본 적 없는 주제였다. 비혼주의자는 아니었다. 고민할 게 많아서 결혼까지 순서가 오지 않았던 것 같기도 하고, 고민할 필요성을 못 느꼈던 것 같기도 하고. 아무튼 결혼에 대해 구체적으로 '생각해본 경험'이 없었다. 누구나의 인생에서 아주 중요한 결혼을 별 고민 없이 했으니 내게 파격적인 행동이다. 파격적인 일 다음에 당연히 따라오는 뒷일은 지금 생각하는 중이다.

지금의 남편을 만나면서 **팀워크**가 좋은 '팀 같은 가족'을 만들고 싶다고 생각했다. 결혼해서 부부가 됐다고 '내 사람! 끝!'이라고 생각하기보다는 계속 서로 노력하는 파트너로서 오랫동안 여러 일을 함께 도모하고 싶다. 훗날 태어날 아이는 우리 팀의 새로운 일원이다. 내 자식이라고 부둥부

둥하기보다는 개별적인 독립체로 키우고 싶다. 아이를 위한 것이기도 하지만 우리 팀을 위한 것이기도 하다. 아이도, 남편도, 나도, 서로를 지켜보고 격려하고, 때론 호되게 피드백하면서 나아갈 수 있었으면 좋겠다.

계속 나 혼자 살았다면 하고 싶은 것이 생길 때마다 일을 벌이면서 살았을 것 같다. 앞, 뒤, 옆 살펴볼 새 없이 달리거나, 더 빨리 달리고 싶다고 이기적으로 행동했을지도 모른다. 하지만 가족을 만든 이상 달라져야 한다. 나와는 다른 사람이지만, 서로를 가장 사랑하는 사람, 더 나은 사람이 되고 싶고 싶다고 마음먹게 만드는 사람들. 그런 가족을 위해 나를 아끼고, 가꾸고, 성장시킬 것이다. 나를 위하는 것만큼이나 그들을 위해 든든한 파수꾼이 되고 싶다. 혼자일 때보다는 힘들기도, 즐겁기도 할 새로운 세상을 꿈꿔본다.

조언과 잔소리의 차이는?

▶ 결국은 타이밍의 차이

결혼하기 전 주변의 거의 모든 부부가 해준 조언이 하나 있다. 각자 집안일을 얼마나 하는지 적어서 냉장고에 붙여놓으라는 것이었다. 부부가 되어도 자기가 하는 일에 더 집중하기 마련이라 상대가 얼마나 열심히 하는지 모른다는 것이다. 정말 그럴까, 당시에는 갸우뚱했는데 역시 선배님들은 현명하시다. 여느 날처럼 남편과 대화하고 있었는데 남편이 "매일 내가 (집안일) 다 하잖아!" 그러는 거다. 정말 깜짝 놀랐다. 나는 나만 한다고 생각했는데? 당장 냉장고 앞에 집안일 타임테이블을 붙였다.

주변 사람들이 해주는 조언과 내용은 비슷한데 묘하게 남편의 말은 잔소리로 들릴 때가 있다. 이를테면 이런 식이다. 내가 설거지를 하고 있으면 남편이 옆에 와서 설거지 다음에 청소해야 할 다른 곳을 찾거나 무엇은 어떻게 정리해야 한다고 말한다(아니, 지적한다). 지금 설거지하고 있는데 또 청소를 하라니, 그 순간에는 무슨 말을 해도 잔소리로 들린다. 정리하려고 마음먹었을 때 슬며시 와서 정리법을 알려준다면 같은 이야기라도 더없이 소중한 노하우와 배려처럼 들릴 텐데⋯.

조언이냐 잔소리냐의 차이는 결국 내용보다 타이밍인 것 같다. 상대방이 내 의견을 받아들일 수 있을 때, 필요한 때, 적절한 때를 잘 아는 편인가? 그럼 걱정 말고 말해보자. 잔소리가 아닌 조언의 말로 들리게끔!

레퍼런스, 롤모델, 멘토…
꼭 필요할까?

▶ 좋은 레퍼런스가 되고 싶어서

좋은 레퍼런스는 '다른 길이 있다'는 것을 보여주는 것이라고 생각한다. 전 직장 동료들과 일하면서 좋았던 점을 꼽아보니 그랬다. 그때 좋은 레퍼런스를 많이 보면서 나름대로 세웠던 일과 삶의 기준이 지금도 내 삶에 큰 비중을 차지한다. 훌륭한 리더나 동료들은 어떻게 생각하고, 소통하고, 아이디어를 구현하는지 지켜본 덕에 그 후 이상한 사람이나 원칙, 기준을 봐도 덜 흔들린다. 당장은 힘들지만 기준을 지키고 해나가면 결국 좋은 결과물을 낼 수 있다는 믿음도 있다.

좋은 레퍼런스를 보지 못하면 남들이 정해준 기준이나 방향에 휩쓸리거나 불평불만이 많아지는 것 같다. 예를 들어 나는 영어를 잘하고 싶긴 하지만 못한다고 스트레스 받진 않는다. 영어가 서툴러도 일 잘하는 사람을 너무 많이 봤기 때문이다. (영어 공부 안 하려는 핑계라고 생각할지도 모르겠지만요.) 영어를 잘하지 않아도 훌륭하게 자란 사람들을 많이 봤으니 나중에 내 아이를 영어유치원에 보내기 위해 안달복달하지 않아도 된다는 나만의 믿음이 있다.

'좋은 레퍼런스는 어디서 어떻게 보나요?' 이 질문도 많이 받는데, 냉정하게 혹은 아주 관대하게 생각해봐도 답은 하나다. 적극적으로 좋은 레퍼런스가 많은 환경으로 갈 것. 환경을 바꾸는 게 어렵다면, 스스로 생각하기에 좋은 사람 한 명을 콕 집어서 그 사람 주변으로 넓혀가는 방법도 있다.

또 다른 길을 앞두고 또 다른 레퍼런스를 모아야 하는 지금, 서로가 서로에게 좋은 레퍼런스가 되고 싶어서 오늘도 열심히 질문하고 움직인다.

어떻게 하면
일을 잘할 수 있을까?
▶ 누구에게든 각자의 존재감이 있으니까

회사나 업계에서, 때로는 아예 다른 분야에서 '일 잘하는 사람' 이야기를 듣는다. '회사에서' 일을 잘하는 것, 내가 속한 '업계'에서 일을 잘하는 것, '또 다른 업계에서' 일을 잘한다는 것 모두 각기 다르다고 느낄 때가 많다. 그럼에도 어디서나 힘을 발휘할 수 있는 사실을 찾았는데 '일 잘하는 사람=영향력 있는 사람=존재감 있는 사람'이라는 것이다. 무언가를 잘하는 사람을 찾을 때 가장 먼저 떠오르는 사람이 있다면, 그는 존재감도 있는 사람이라는 거니까.

회사에서 사용되는 핵심역량은 속한 집단이나 조직의 특성에 따라 사람들이 느끼고 인정하는 범위도, 가치도 달라지기 마련이다. 그럴 수밖에 없다고도 생각한다. A라는 조직에서는 내가 하는 일이 새롭고 존재감이 컸는데, 그걸 다들 이미 잘하고 있는 조직으로 가는 순간 내 역량은 평평해져버리니까. 결국 또 다른 핵심역량을 개발해야 한다.

나만의 역량을 개발해서 충분히 발휘했다고 가정해보자. 프로젝트를 마친 후 특정 개인의 기여도를 따지기보다 '모두가 잘했다!'라는 분위기의 회사도 있고, 개인에게 크레딧을 주는 조직도 있다. 전자의 경우라도 누가 열심히 했고 누가 어느 정도 했는지 다들 자연스럽게 안다. 후자라면 사람들이 자연스럽게 알아주는 데 만족하지 말고 그 일을 완성하기까지 자신이 무엇을 잘했고 얼마나 열심히 했는지 **어필**해야 한다. 자신의 기여도, 존재감을 능숙하게 표현하는 것이 중요한 셈이다.

예전에는 스스로 존재감을 어필하는 태도가 쿨하지 않다고 느꼈는데, 지금은 생각이 달라졌다. 가만히 앉아서 내 존재감을 알아봐달라고 떼쓸 수도 없고, 스스로를 자신 있게 표현하는 게 더 멋지다. 일하는 사람으로 살아가는 이상 우리는 자신을 어필하고 설득하는 일을 계속할 수밖에 없고, 그래서 존재감이 더욱 중요하다고 생각한다.

이때 존재감은 일로만 드러낼 수 있는 것은 아니다. '나는 어떤 사람으로 기억될 것인가?'라는 질문을 존재감 위에 얹어보자. 가령 일 잘하는 사람으로서 존재감을 드러내는 것도 좋지만, 힘들 때 동료들이 찾아오는 사람으로 기억된다면? 위기 상황에서 흔들리지 않는 사람으로 기억된다면? 그만 한 존재감이 또 있을까.

조직형 인간, 창업형 인간이 따로 있을까?

▶ 아주 사소한 이유

기질 및 성격을 탐색하는 TCI 검사를 했는데, '자율성' 항목의 점수가 굉장히 낮게 나와서 놀랐던 기억이 있다. 나스스로 일을 찾아서 하기보다, 좋은 사람들과 합을 맞추는 조직에 들어갔을 때 더 잘하는 것 같다고 느낀 데에는 다 이유가 있었던 거다. 문제는 기분이 울적할 때면 스스로 일을 찾아서 하지 못하는 수동적인 사람은 아닌지, 방향을 잡는 사람이 아니라 영원히 조직의 일원으로 살아야 하는 건 아닌지 고민하게 된다는 점이다. TCI 검사에 따르면 이럴수록 나는 빨리 그 생각에서 빠져나와야 한다. 더 깊이 빠져들기 전에 처음으로 돌아가본다.

초보 직장인 시절 멋있다고 생각한 사람의 강연에 간 적이 있다. 자신의 기획력과 활동으로 사람들의 마음과 삶을 바꾸는 사람이었다. 나중에 알고 보니 광고기획자에 가까운 일이었지만, 당시의 나에겐 마케터라는 그의 직업이 매력적으로 다가왔다. 마케터가 어떻게 사람들을 움직이는지 인상 깊게 들었다. 마케터가 '무엇(what)'을 하는 사람인지보다도 '어떻게(how)' 사람들의 마음을 바꾸는지에 관한 이야기가 내 마음에 작은 파동을 만들어 지금의 나로 이끈 셈이다. 그래서일까, 내가 몸담은 회사의 비전에 공감하고 그것을 어떻게 구현해 잘 알릴지 고민하는 내 일이 좋았다.

하지만 사람은 변하는 법. 나도 예외는 아니다. TCI 전문가가 말씀하시길 '사람의 기질은 바뀌지 않지만 성격은 바꿀(뀔) 수 있다.' 지금의 나는 예전보다 훨씬 더 많이 '왜

(why)'에 대해 고민하면서 일한다. '이 일은 왜 해야 하지?'를 정확히 알지 못하면 남들과 다른(different) 방법(how)도 제안할 수 없다는 걸 일해오면서 조금씩 깨달았다. 나만 아는, 나의 작지만 큰 성장이다.

창업형 인간과 조직형 인간을 딱 잘라 구분하긴 어렵지만, 창업에 맞는 사람은 '내가 왜 이 일을 하는지'를 정확히 알고 있는 사람일지도 모른다. 너무 당연한 말 아니냐고? 맞다, 그래서 대단찮게 느껴지기도 하고 그냥 지나치기도 쉽다. '건강해지려면 일찍 자고 일어나세요, 햇볕을 많이 쬐고 운동을 자주 하고, 스트레스 받지 마세요'라고 말하는 책을 돈 주고 사 보는 사람은 많지 않을 것이다. 하지만 아이러니하게도 일 잘하는 비결은 종종 뻔한 모습으로 숨어 있다.

싫어하는 일을
잘하는 법이 있을까?

▶ 그 일에서 도망가거나, 다르게 바라보거나

어렸을 땐 잘 몰랐는데 크면 클수록 하기 싫은 일이 하나 있다. 바로 '무언가를 손으로 만드는 일'이다. 치과 보철물을 만드는 치기공과를 전공하던 시절의 교수님이 "승희는 이렇게 치아를 만드는 감이 없을까. 감이 없어도 너무 없네"라고 평가하신 것을 시작으로, 자주 종종 실감한다. 나는 정말 무언가 손으로 만드는 일을 못한다는 걸. 하다못해 가위질을 할 때도 등에서 식은땀이 난다. 최근에 스트레스를 많이 받은 내게 친구는 '뜨개질을 하면 아무 생각 안 나고 스트레스가 풀려'라고 권했지만, 난 시도하지 않았다. 뜨개질하면서 안 된다고, 왜 내가 한 건 안 예쁘냐며 더 스트레스 받을 걸 알기 때문이다.

하기 싫은 일을 용케 잘 피하며 살아왔지만, 세상에는 싫어도 피할 수 없이 계속해야 하는 일들이 있다는 것을 실감한다. 예를 들면 집안일. 나는 빨래가 가장 귀찮다. 빨래는 해내기까지 일단 텀이 길다. 빨래를 모아야 하고, 검은색은 따로, 속옷은 또 따로 나눠야 하고. 잘 널어서 말리고 걷고 개는 것까지가 빨래다. 그런데 빨래가 다 마르고 나서 옷을 입을 때에는 그 과정이 전부 생략되어 버린다. 애초에 그렇게 당장 입을 수 있는 상태로 있었던 것처럼 당연하게 옷을 입는다. 빨래를 열심히 잘했다고 해서 그 작업이 티가 나지는 않는다. 반면 설거지는 바로 티가 난다. 설거지 전후가 확실하게 달라서, 작지만 확실한 성취감을 느끼기 쉬워서 설거지는 재밌다.

가장 문제는 회사 일이다. 회사 일은 집안일처럼 내 마음대로 하기도 어렵고, 좋아하는 일과 싫어하는 일로 칼같이 나눌 수도 없다. 그래서 싫어하는 일이라곤 없을 것 같은 올리부 상무님에게 질문했다. 의외로 '싫어하는 일이 있다'는 답이 돌아왔다. 리더이기 때문에 피할 수 없는 팀원들 평가. 팀원들 퍼포먼스 리뷰하는 게 너어무 싫으시다고.

"이 팀원은 A, 다른 팀원은 B를 주고, 그거에 따라 누구는 보너스를 더 받고 덜 받고 하는, 이 일의 본질 자체가 너무 싫어. 근데 돌이켜보면 내가 정말 잘해낼 때도 있거든. 싫어하는 일이지만 어떤 관점으로 보느냐에 따라 다르게 일할 수도 있더라고. 이 팀원이 노력한 것에 대해 조직으로부터 합당한 대우를 받도록 해야겠다는 관점으로 봐. 그러면 나는 또 최선을 다하지. 그 일이 싫고 힘든 건 변하지 않아. 하지만 내가 애써서 그들에게 합당한 보상을 받도록 하거나 팀원을 승진시키면, 그것대로 행복을 느껴."

상무님은 이어서 말씀하셨다. "나라고 싫어하는 일이 왜 없겠어. 싫어하는 일에서도 좋아하는 부분을 찾으려고 애를 쓰지."

상무님 이야기를 듣고 나니, 싫어하는 일을 잘하는 법이 다르게 들렸다. 요령이 아닌 '보람'을 찾기. 싫어하는 일일수록 내가 잘하는 점을 찾아보기. 싫어하는 일을 빨리 해치우는 것과는 또 다른 차원이지만, 꼭 해내고 싶은 일이다.

번아웃, 무기력, 매너리즘을 극복하는 방법

▶ 극복한 적도, 피한 적도 없지만…

"승희 님은 번아웃을 어떻게 극복하시나요?" 강연이나 북토크를 하면 주제와 상관없이 단 한 번도 빠지지 않고 나오는 질문이다. 나의 대답도 늘 같았다. "극복한 적이 없어요."

늘 행복하고 즐겁기만 한 사람이 있을까? 모두가 겉으로 표현하진 않지만 각자 각기 다른 시간들을 지내며 보내고 있을 것이다. 번아웃, 무기력, 매너리즘 이 삼대장은 인생을 열심히 사는 사람들에겐 피할 수 없는 숙명 같은 거다. 나의 경우에는 늘 소리 없이 찾아와서 피할 수도 없더라. 피할 수 없다면? 잘 흘려보낼 수밖에!

번아웃, 무기력, 매너리즘은 비슷한 것처럼 보일지 몰라도 각기 다르다. 당연히 해결책도 조금씩 다르다. 번아웃은 말 그대로 다 태워버린 것에 가깝다. 달릴 수 있을 때까지 달려서 목표한 지점에 도달했는데 정작 허무해진 경우다. 그럴 때는 나를 그 지점에서 데리고 나와서 다른 세계로 가보는 것이 필요하다. 내가 알던 세계가 전부가 아니구나… 이런 거다.

무기력은 조금 다르다. 원인을 알기 어렵다. 그냥 이도 저도 하기 싫은 것이다. 물론 보기 싫은 상사나 하기 싫은 프로젝트나 번아웃이 원인이 되어서 무기력한 상황이 되기도 하지만, 대체로 무기력은 체력적인 에너지나 단편적인 상황에서 올 때가 있다. 그럴 때는 할 수 있는 것부터 한다. 햇볕이 좋은 날 거실에 대자로 누워서 햇빛을 쬐기도 하고, 좀 나아지면 무작정 집 주변을 걷는다. 별다른 머리를 쓰지 않고, 큰 에너지를 들이지 않아도 할 수 있는 일부터 조금씩, 기왕이면 몸을 움직이는 것이 좋다.

매너리즘은 어쩌면 가장 극복하기 힘든 것일지도 모른다. 자신이 매너리즘에 빠져 있는지도 모르는 사람들이 많아서. 가장 좋은 방법은 자극해주는 상대를 만나는 것. 열정을 다시 불러일으키는 초심자일 수도 있고, 작지만 반복적으로 성공 경험을 쌓아가는 사람을 만나는 것도 방법이다. 아는 동생은 취업이 계속 되지 않아 자존감이 계속 낮아지자 스스로 국토대장정을 다녀왔다. 동생도 스스로 컨트롤할 수 있는 영역에서 자신만의 성취를 만든 것이다. 국토대장정을 다녀온 후 자신감을 얻은 모습을 보니 내가 더 기분이 좋았다.

돌이켜보면 아무것도 내가 주도적으로 할 수 없거나 이해되지 않는 일을 반복적으로 하거나, 또는 인풋보다 아웃풋이 많을 때 이 삼대장 중 하나에 빠지는 것 같다. 이 사실을 알면서도 피할 수 없다는 게 기가 찰 노릇이지만, 그래도 좋게 생각해보면 그 감정들을 느꼈을 땐 '이 시간이 끝나가고 있구나'라는 안도감이 든다. 인지했을 때쯤이면 대개 아주 힘든 시간은 조금 지난 편이라, 내가 할 수 있는 걸 할 수 있다는 것도 다행이고. 작은 것부터 하나씩 다시 나의 리듬을 찾아오면 된다. 나아질 일만 남았으니 조금만 더 힘내면 된다는 걸 잊지 말고!

하기 싫지만
꼭 해야 하는 자기계발은?

▶ 영원한 딜레마, 오늘도 운동 가기 싫다

하기 싫지만 꼭 해야 하는 자기계발! 내겐 운동이다. 너무 하기 싫다. 앞선 질문에 운동 습관 갖고 싶다고 해놓고 여기 선 하기 싫다는 게 마치 '유명하지만 조용히 살고 싶다'는 연 예인들의 농담처럼 들리겠지만, 진심이다. 그럼에도 놓지 않는 건 건강 때문이기도 하지만, 운동이 내 삶의 **텐션과 리듬**을 좌우한다고 믿기 때문이다.

나는 부지런히 살다가도 늘어질 때는 한없이 늘어진다. 심지어 좋아 죽는 여행도 가끔은 가기 싫을 때가 있었다. 2020년 백수일 때였다. 여행 계획도 다 세웠는데 막상 가려 니 너무 '일'처럼 느껴졌다. 회사 다닐 때 짐 싸는 건 일도 아니었는데, 집에서 쉬다가 짐을 싸려니 너무 힘들었다. 예약 도 다 해놨는데, 가기만 하면 되는데 귀찮다고 여기니 정말 귀찮아졌다. 짜릿하지도 않았다. 나중에 로또에 당첨되어 도 여행 같은 건 안 갈 기세였다. 누군가가 내 짐도 다 싸주 고 준비도 다 해주고 퍼스트클래스까지 태워주면 모를까.

그렇게 좋아하는 여행도 귀찮을 때가 있는데, 운동은? 몸에 좋은 줄 알지만 먹기 싫은 약 같다고 해야 하나.

운동 가기 싫을 때마다 (그러니까 매일) 평소 나의 에너지를 지켜주는 건 운동밖에 없다고 스스로를 설득한다. 오늘 운동함으로써 오늘의 텐션을 끌어올릴 수 있다. 늘 하던 일도, 새로운 일도 좀 더 활기찬 기분으로 해낼 수 있을 테고. 기초대사량과 체력을 높이기까지 앞으로 더 많은 시간이 필요하겠지만, 체력도 실력이라는 인생 선배들의 이야기를 늘 기억하려 한다. '새로운 삶을 산다고 생각해야 해. 너의 삶에 운동이 추가된 게 아니고 삶이 변하는 거야'라는 김종국 님의 말씀도.

하지만 오늘도 운동 가기 싫은걸~

오늘 할 일 중
빨리 해치우고 싶은 일은?

▶ 물이 아닌 돌 위에 써야만 하는 일

기록을 빨리, 아주 빨리 해치우고 싶다. 내가 이렇게 대답하면 '기록하는 거 좋아하지 않아?'라며 의외라고 생각하는 사람들이 많을 테다. 여기서 내가 말하는 '기록'은 SNS 채널에 올리는 행위를 말한다. 내가 경험하고 있는 바로 그 순간에, 이거 기록해둬야지 하는 그 순간에 이미 내 인스타그램, 블로그에 올라가고 있으면 좋겠다. 인스타그램을 열어서 핸드폰에 저장해놓은 사진을 고르고 불러와서, 그때 느낀 점을 조금이라도 써서 올리는 그 과정이 빠르게 이뤄졌으면 좋겠다.

내게 SNS 업로드는 아카이빙이다. 우선 좋다고 느낀 것을 모은 것일 뿐, 그것을 바탕으로 진짜 내 생각을 하고 내 것을 만드는 과정은 아직 시작도 하지 않은 상태다. 앞으로 갈 길이 머니까 뭐라도(이왕이면 아카이빙) 빠르게 해치우고 싶다. 그렇게 1차로 올려둔 아카이빙 채널이 곧 드라이브가 되고, 그 드라이브를 보면서 나는 다시 생각하는 시간을 갖는다. 그 시간을 글을 쓰거나 콘텐츠를 만드는 데 더 충분히 쏟고 싶다. 그런 만큼 분류하고 아카이빙하는 시간은 빨리 하고 싶은 것.

대만의 영화감독 허우 샤오시엔은 "생각하는 것은 물 위에 글을 쓰는 것이다. 그건 그냥 흘러가버린다. 돌 위에 글을 써야 한다. 그래야 남는다. 생각만 해서는 안 된다"라고 말했다. 내가 빨리 해치우고 싶은 이 일들은 돌 위에 쓰기 위해 나아가는 과정들이라고 생각한다. 나이 들수록 자꾸 돌이 아니라 물에만 쓰는 것 같지만….

돈 많이 벌면
기록 그만할 건가요?

▶ 돈과 상관없이 즐거운 일

《기록의 쓸모》를 내고 나서 사람들로부터 질문을 많이 받았다. 언제, 어디에, 얼마나, 어떻게 기록하냐부터 오래 기록한 후의 그 쓸모까지. 그중에는 경제적 자유를 이룬 후에도 기록을 계속할 거냐는 질문도 있었다. 기록을 함으로써 내게 많은 기회가 온 것은 맞지만, 기록 자체를 돈과 연결해서 생각해본 적은 없었다. 돈을 벌기 위해 기록을 시작한 건 아니니까, 갑자기 100억이 생겨도 기록은 꾸준히 할 것이다. 그렇다 하더라도 지금의 마음과 같을까?

나뿐만 아니라 누구나 한 번쯤 마주할 질문인 것 같다. 좋아서 시작한 취미가 퍼스널브랜딩으로 이어지고, 퍼스널브랜딩이 잘되면 수익도 얻을 수 있는 세상이니까, 돈을 벌다 보면 더 많이 벌고 싶어서 순수하게 좋아했던 마음이 퇴색되지는 않을까? 처음에는 100 정도의 충만함과 진심이었던 마음이 경제적 자유를 이룬 후에는 50으로 떨어질 수도 있을 것이다. 어떤 사람은 그 이하로 더 떨어질지도 모른다. 그런 마음으로 굳이 계속해나가야 할까?

내 마음이 흔들리니 사람들의 시선도 신경쓰인다. 좋아하는 걸로 큰돈을 벌면 주위의 시선도 응원하는 마음에서 선망으로, 질시나 의구심으로 바뀌는 모습을 볼 때가 있다. 사람들이 내 진정성을 의심하는데도 나는 순수하게 희열을 느낄 수 있을까. 그 판단은 사람마다 다르겠지만, 꾸준히 잘해오던 일도 돈으로 진정성을 의심하거나 확인한다면 적어도 나는 무척 찜찜할 것 같다. 이쯤 되니 이런 고민도 든다. 내가 좋아하던 일이 돈이 된다면 그게 정말 잘된 일일까? 돈을 많이 벌게 될수록 순수하게 느꼈던 성취감과 희열을 빼앗기는 것은 아닐까? 아, 잘 모르겠다.

유튜브 채널 '부읽남'의 영상 중 '부자가 되려면 반드시 알아야 할 한 가지 사실' 편에서 부읽남은 이렇게 말한다.

돈과 상관없이 즐거운 일은 사람마다 하나씩은 꼭 있으니, 그걸 생각해서 댓글로 남겨보라고. 생각보다 많은 사람들이 돈과 상관없지만 본인이 즐겁게 하는 일들에 대해 댓글을 남겼다.

그 댓글들을 보고 있으면 기분이 이상해지다가, 매번 하나의 결론을 내리게 된다. 어쩌면 내가 좋아하는 일, 재미를 느끼는 일들을 돈과 떼어놓는 것도 방법일 것 같다는 결론. '좋아하는 일'이 '돈 버는 일'에 잠식되지 않게 말이다. 나에겐 기록이 그렇다. 끊임없이 나의 삶을 기록하기 위해서 하는 것일 뿐. 돈을 벌기 위해 시작한 것이 아니기 때문에 돈을 벌기 위해 기록하는 행위는 하지 않을 것이다.

돈도 시간도 없을 때
딱 하나만 경험해야 한다면?

▶ 과연 돈과 시간이 문제일까?

북토크에서 어떤 대학생이 나에게 물었다. "일상에서 영감을 받으려면 많은 것을 보고 경험해야 한다고 했는데 저는 그럴 돈과 시간이 없어서요. 어떤 경험부터 해야 할지 모르겠는데 딱 한 가지라도 먼저 알려주실 수 있나요?" 이 질문을 듣고 순간 당황하고 어물쩍거리다 결국 대답을 하지 못했다.

이 질문은 집에 와서도 머리에서 떠나지 않았다. 시간과 돈 둘 다 없다고 말하는 갓 스무 살이 된 친구에게, 많은 경험을 해봐야 진짜 좋은 경험을 찾을 수 있다고 말해주는 것은 어쩌면 사치스러운 대답일지도 모르겠다는 생각 때문이었다. 하지만 내가 할 수 있는 최선의 답변이다. 동시에 전혀 도움이 되지 않는 답변이라는 것도 안다. 경험이란 무엇인지 자신만의 정의를 내려야 풀어갈 수 있는 질문이라고 생각한다.

돈을 내야만 양질의 정보, 인사이트, 경험을 얻을 수 있다고 여기는 사람들이 있다. 자본주의 사회에서 당연히 그렇게 생각할 수 있지만, 그것만이 경험이라고 정의하면 누구든 돈의 한계를 피할 수 없을 것이다.

돈과 시간을 적게 들이고 싶다면 **간접경험**도 좋은 방법이다. 요즘에는 유튜브나 인스타그램, 예로부터는 독서가 가장 대표적인 간접경험일 텐데, 어느 쪽이든 공통점이 있다. 다양한 삶이 있다는 걸 우리에게 보여준다는 사실이다. 이런 것을 할 수 있고, 저렇게 살 수도 있고, 잘할 수도 있고, 실패했다가도 성공할 수 있고. 다양한 간접경험을 교훈이나 반면교사로 삼거나, 아예 엉뚱한 방향으로 해석하면서 앞으로의 내 삶도 상상해볼 수 있을 것이다.

이미 많이 보고, 듣고, 읽으면서 간접경험을 많이 하고 있지만 별 도움이 되지 않는다면 그건 스스로 생각하지 않기 때문이다. 보고 나서 '(간접)경험 하나 했다' 하고 그칠 것이 아니라 "'내가' 한다면 어떨까"라고 생각해야 한다. 책이든 유튜브든 어떤 매체에서든 자신의 경험을 들려주는 영향력 있는 사람들, 대중이 따르는 사람들은 모두 명확하고 단호하게 이야기한다. 그래야 말하는 사람의 전문성이 살고, 듣는 사람도 마음 편히 믿을 수 있으니까. 편해서든 그들의 단호함에 기가 눌려서든, 받은 대로 받아들이다 보면 자신만의 색을 찾기도 전에 잃게 된다. '근데 이게 맞나, 나는 어떻게 생각하지?' 하며 스스로 생각해야 한다는 건 간접경험에, 아니 모든 경험에 해당하는 중요한 포인트다.

간접경험이든 어떤 경험을 한 후엔 꼭 상상하는 단계로 넘어가자. 상상에서 그치면 안 되겠지만 상상하지 않으면 그 어떤 것도 만들어낼 수 없다. 사업 잘하는 분들은 가만 보면 상상력이 엄청 풍부하다. 마케터로 일할 때도 구체적으로 상상하고 가설을 세우는 것이 중요하다. 개인적인 삶을 이끌어갈 때도 마찬가지다. 나는 부모님으로부터 굳건한 애정을 받지 못했지만 회사를 다니면서 팀에 애정을 느끼고, 팀워크를 배우면서 '가족이란 좋은 팀 같지 않을까' 상상하며 기준을 세울 수 있었다.

상상하는 데는 돈도 들지 않고 실패의 아픔도 없으니 마음껏 해보자. 그것만으로도 제법 연습이 될 거라고 믿는다.

"승희 님의 가치관은 무엇인가요?"

1. 일단 한다.
2. 좋은 것을 나눈다.
3. 그래서 함께 잘 산다.

돈과 성공의 상관관계
▶ 도전할 수 있는 여유와 용기가

성공한 사람을 보고 가끔씩 '성공하더니 예전 같지 않네' '돈 많이 벌더니 변했어' 같은 이야기가 떠돌 때가 있다. 대부분 (안 좋은 방향으로) '변했다'는 게 핵심이겠지만, 그런 이야기를 들을 때마다 돈과 성공의 상관관계를 생각해보게 된다. 돈을 많이 번다고 해서 성공한 것도 아니고, 성공했지만 돈은 많이 벌지 못할 수도 있다.

자신만의 정의가 각기 다를 텐데, 나에게 성공이란 **도전할 여유와 용기**가 남아 있는 것이다. "어, 너 아직도 무언가 해보고 싶은 에너지가 남아 있어?"라는 말이 나오도록. 정신적, 신체적, 물질적으로 건강한 것만큼 큰 성공이 또 있을까.

요즘은 창업하는 사람도 많고, 굳이 창업이라 하지 않아도 각자의 스타일대로 자기 것을 하는 분위기가 지배적이다. 옛날에는 창업이 먹고사니즘에 가까웠다면, 지금은 도

전의 분위기가 뚜렷하다. F&B 하는 사람들도 식당을 차린다고 생각하기보다는 하나의 기획 혹은 비즈니스로 대하고, 음식을 매개로 또 다른 문화를 전달하려는 의지를 보여준다. 대기업을 퇴사하는 사람들도 겉으로는 회사를 그만둔 것이지만, 사실상 안정적으로 살 수 있는데도 도전을 모색하기 위해 큰 용기를 낸 것이고.

사람들은 각기 다른 방식으로 성공하고, 돈을 벌고, 브랜드가 되고 있다. '작지만 큰 브랜드'라는 말은 이 모든 도전과 노력에 경의를 표하는 말인 것 같기도.

나에게 돈은 무슨 의미일까?

▶ 성취감을 느끼는 지표이자
　남을 도울 수 있는 힘

돈 때문에 가장 많이 싸운다는 결혼 준비기간에도, 나와 남편에게 돈은 1순위가 아니었다. 이직할 때도 연봉이 우선순위는 아니었다. 물론 돈은 중요하지만, 돈을 아무리 많이 줘도 하기 싫은 일이 있고 돈과 무관하게 하고 싶은 일이 있다. 또 물론 돈을 많이 벌면 좋겠지만 죽을 때 그 돈을 싸들고 갈 수는 없지 않나. 큰돈 자체가 행복으로 이어지는 것도 아니다. 돈을 부지런히 벌어야 한다고 생각하면서도 마음 한 켠에서는 '정작 그 돈을 누릴 시간이 부족하진 않을까?' 싶다. 돈의 의미를 시간과 떼어놓고 생각할 수는 없다. 그래도 돈을 많이 벌면 좋으니까 일을 많이 하자니 시간이 없다. 고민의 무한반복, 그때마다 돈에 대한 생각도 조금씩 바뀌는 것 같다.

확실한 건 돈은 삶을 움직이게 하는 하나의 지표라는 것이다. 아무리 돈이 1순위가 아니어도 급여 혹은 보상을 받고 일하는 프로의 세계에서 돈은 자연스레 성취감으로 이어질 수밖에 없다. 돈이 많으면 재미있는 일을 더 많이 할 수 있고, 자유롭게 도전하면서 또 다른 재미를 찾을 수 있다. 돈은 어떻게든 사람들을 움직이게 하는 삶의 동력이고, 그래서 돈을 계속 좇게 되는 것 같기도 하다.

돈이 우리를 움직이게 한다면 어차피 움직일 거, 나의 이유와 의지로 움직이고 싶다. 그러려면 어떤 삶을 살고 싶은가, 어떤 걸 하고 싶은가를 점검해야 한다. 돈으로 무언가를 하는 과정에서 내가 무엇을 좋아하는지, 내가 언제 행복한지도 챙겨야 할 테고.

그리고 또 하나, 돈의 상한선은 몰라도 **마지노선**은 정해 두어야 한다. 내 경우에는 가족이나 친구가 어려울 때 돈을 빌려줄 수 있을 정도의 경제적 여유를 갖고 싶다. 나의 안정감과 주변의 안정감을 모두 챙길 정도의 돈이 있다면, 적어도 돈 때문에 불행할 일은 없지 않을까?

최근에 지인의 아버지가 돌아가셨다. 아버지가 위독하신 와중에도 그 친구는 어버이날 선물로 아버지께 새로운 핸드폰을 사드렸다고 했다. 너무 비싸서 할부로 샀는데, 결국 2개월밖에 못 쓰고 돌아가셨다. 하지만 친구는 그때 아버지께 새 폰을 사드려서 너무 좋았다고, 사드리길 잘했다고 말했다. 이때의 돈은 돈이 아니라 사랑이겠지.

언제나
나를
이끌어줄
질문들

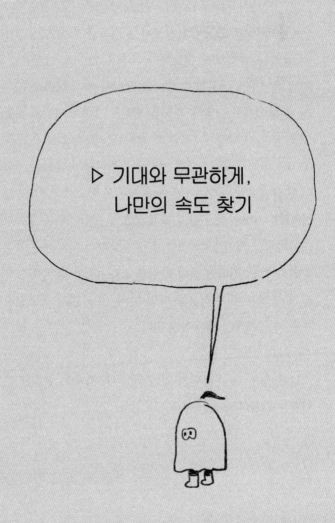

3개년, 5개년…
계획, 어디까지 세워봤니?

▶ 와, 그걸 실천하는 사람이 진짜 있더라고

5년 후엔 어떤 모습이길 원하냐는 질문을 이직 면접장에서 받았다. 솔직하게 대답했다. 계획은 없다고, 그래서 변화에 유연하게 대처할 수 있다고 말이다. 회사 생활뿐 아니라 내 삶에서도 그랬다. 계획을 세워도 그대로 지키지 못할 것을 잘 안다. 지금은… 5년 후 계획이 '필요할 수도 있겠다'고 생각한다. 3개년, 5개년 계획을 수행하면서 원하는 커리어를 착실히 쌓아가는 사람들을 보기도 했고(계획했다고 실천해내는 사람이 있다니! 좀 충격이었다), 계획이라고 말하긴 거창하지만 자연스럽게 5년 후를 상상하게 되기 때문이다. 임신과 출산, 커리어 등의 라이프 스테이지가 경제적 상황과 맞물려 주루룩 떠오를 때면 언제, 어느 때가 적당할지 계획 아닌 계획을 생각하게 된다.

많은 일이 나 혼자만의 일이 아닐 때, 계획이 필요한 건 이런 순간들 때문인가 보다.

현실적으로 인생의 방향을 바꿀 수 있는 나이는 몇 살까지일까?

▶ 효리 언니 좀 봐봐

최근 후배에게 이 질문을 받았을 때 고구마를 먹은 것처럼 무척 답답했다. 현.실.적.이라는 조건 때문에 특히 더.

이 질문을 나도 다른 사람에게 여러 번 했다. 아무래도 비슷한 나이대의 친구들에게 가장 많이 묻게 되었는데, 답변도 거의 비슷했다. '30대 이전까지', 그리고 '지금은 바꾸기엔 어렵다'는 뉘앙스까지 덧붙여서. 아무래도 지금까지 살아온 자신의 인생을 기준으로 말할 수밖에 없을 것이다.

나도 그들의 말과 뉘앙스에 십분 동의했다. 에너지도 충분하고, 머리도 잘 돌아가고, 무언가 새로 시작할 의지도 충만해야 하고, 민첩해야 하고, 이왕이면 나 외에 책임질 존재가 없으면 도전하기가 더 쉬울 테니 젊을 때, 20대나 30대가 현실적으로 인생을 바꿀 수 있는 나이라고 생각했다. 최근 효리 언니의 이야기를 듣기 전까지 말이다.

유튜브 채널 '짠한형 신동엽'에 나온 효리 언니는 이렇게 말했다.

내가 〈댄스가수 유랑단〉을 하면서 완선 언니, 정화 언니를 봤잖아. 그 두 분이 나보다 열 살이 많은데 나도 10년 후에 저렇게 활동할 수 있겠더라고. '내가 너무 젊고, 창창하구나' 깨달았어. 지금부터 내가 10년 동안 노래 연습, 작곡 연습한다고 생각해봐. '와, 그러면 나 10년 후에 정말 대단할 수 있겠다'는 생각이 든 거야. 정화 언니, 완선 언니를 보고 너무 큰 용기를 얻은 거지.

그래서 요즘 일주일에 세 번씩 보컬 연습을 받고 컴퓨터 작곡 배우고 있거든. 너무 재밌어. 아직은 서툴지만 조금씩 배우니까, 마음속 숙제라고 했던 것을 조금씩 해나가는 기쁨이 있더라고. 내가 대상 받았을 때보다 돈을 벌 때보다 조금 더 큰 기쁨이더라.

무언가를 시도하기엔 늦었다는 생각은 언제부터 했을

까. 지레 겁먹고 '현실적으로'라는 말 뒤에 숨는 건 아닐까. 효리 언니가 그랬듯, 나도 나보다 앞선 누군가를 보며 10년의 플랜을 짜봐야겠다고 생각했다. 그래서 누군가 '인생의 방향을 바꿀 수 있는 나이는 몇 살인가요?'라고 물을 때 내가 지나온 현실을 보여주고 싶다. '지금 네 나이는 뭐든 시작하기에 좋은 나이'라고, 현.실.적.으.로. 조목조목 당당하게 말해줄 수 있지 않을까?

잊지 말자. **지금** 내 나이는 무엇이든 시작하기 좋은 나이라는 걸.

나이, 경험치, 속도…
왜 남들과 비교하는 걸까?

▶ 비교하지 않는 것보다 더 중요한 것

몇 살까지 직장에서 자리잡고, 돈 모아서, 결혼하고, 늦어도 몇 살에 집을 장만해서 자녀를 키우고, 정년퇴직해서, 그때는 좀 다른 삶을 사는… 이제는 이렇게까지 정해진 삶을 살지 않아도 된다고 생각하다가도 가끔씩 조바심이 난다. '저 사람은 저기로 이직했구나' '독립해서 차린 브랜드가 이렇게나 컸네' '저쪽으로 이사했구나' '더 늦기 전에 유학 가다니 멋지다' 하는 부러움과 '나는 어떻지?' 하는 마음이 따라붙는다. 그러지 말라고 허벅지도 찔러보고, 혼도 내보고, 아예 세상을 외면해보기도 하지만, 잘 안 된다.

각자 삶의 속도가 다르다는 걸 알면서도 왜 타인의 속도를 의식하는 걸까. 비교하는 나쁜 습관을 들였던 학창 시절에서 그 힌트를 찾았다. 정해져 있던 수업시간처럼, 모두에게 시간은 누구에게나 공평하게 주어지기 때문에 정해진 시간 안에 무엇을 해냈는지를 자꾸 비교하는 것 같다. 우리 삶에서 공평하게 주어지는 것, 시간 말고 또 다른 게 있을까? 가령 외모나 재력은 당연히 천차만별이고, 비교하기도 어렵다.

하지만 누구든 하루 24시간을 살아내야 한다. 보여지는 것이 중요하고, 보여주기도 쉬운 아웃풋 중심의 사회에서는 누가 어떤 시간을 얼마큼 보냈는지 비교하기 쉽다. 변명처럼 보이겠지만 이쯤 되면 남들과 비교하지 말자는 것은 애초에 불가능한 미션 아닐까.

답이 이미 정해진 질문이라면, 질문이 잘못된 것일 수도 있다. 얼마 전에 친구들과 '우리가 통제할 수 없는 것 말고 통제할 수 있는 것에 집중하자'는 이야기를 나누면서 생각했다. 비교할 수밖에 없는 운명이라면, 무엇을 비교할지는 내가 통제하자고. 빨리 움직여서 얻은 경험의 양보다 느리더라도 깊이 경험한 즐거움을, 더 멀리 보고 더 길게 보고 삶 전체의 평균 속도를… 비교해서 얻고 싶었던 것은 남보다 빠른 속도가 아니라 나는 내 삶을 얼마나 잘 살고 있는지 알고 싶은 것이었는지도 모르겠다. 질문해보길 잘했다.

이 브랜드는 어디까지 진심일까?

▶ 브랜드에게서 진짜 얻고 싶은 것

진정성. 발음하기도 힘든 이 말이 요즘에는 '찐이다' '진심이네' 같은 말로 생활 속으로 쑤욱 들어와 한결 친근해진 느낌이다. 워낙 신생 브랜드가 많아지고, 차별화를 만들기 위해 노력하고, 그 과정이 온라인으로 실시간 공유되고, 그 정성에 감동하고, 소비자들이 진심으로 적극적으로 알리는 사례가 많아져서 그런가.

물론 가끔은 진정성이 너무 엄격한 잣대처럼 느껴지기도 한다. 이 카드뉴스에 진정성이 있는지 없는지, 광고지만 진심이 느껴지는지, 돈 좀 벌더니 예전 같지 않은 건 아닌지 등 브랜드가 활동하는 모든 순간에 진정성이 요구되고 있다. 브랜드뿐 아니라 브랜드와 협업하는 사람에게도 그렇고, 자기 브랜드를 만드는 사람에게는 말할 것도 없다.

내게 진정성은 역사와 맥락, 이유가 얽히고설킨 하나의 **세계관** 같은 것이다. 브랜드 기획회사 아틀리에크리튜 김

재원 대표님의 결과물을 보면서 그렇게 생각했다. 세계 각
국의 아름다운 물건들을 수집하고 잘 보관해 김 대표님만
의 감각으로 꾸린 성수동의 포인트   오브뷰, LCDC
등을 보고 있으면 그 방대한   양과 종류
에 놀라게 된다. 우표,   엽서처럼 잠
깐 쓰이다 버려질 것   들을 뜻하기
도 하고 LCDC성수의   카페 이름이
기도 한 이페메라를 샅샅이 들여다보고 있으면,
            내가 사모으는 많은 물건
            들도 언젠가 빛을
            발할 때가 있
            지 않을까 하
            고 희망회로가
            마구 돌아간다.
        잠시 딴길로 샜지만 아무

튼 내게 진정성이란 만드는 데도 들여다보는 데도 시간이
필요한 일이다. 그런 의미에서 모든 것에 진정성을 보여
달라고 요구하는 것이나, 궁금해하지 않는 사람들
에게 진정성으로 호소해 눈길을 끄는 시도 모두가
내게는 과하다고 느껴질 때가 있다. 보는 사람도, 하
는 사람도 아무도 행복하지 않은 진정성이라는 게 얼
마나 의미가 있을까.

진정성이라는 모호한 기준 대신 그 브랜드가 쌓아온 이
야기를 들여다보고 싶다. 그간 얼마나 노력해왔는지 내 시
간을 들여 알아봐주고 싶다. 멋진 브랜드를 좋아하는 내
진심을 전하는 그 시간엔 모두가 행복해질지도 모르니까.

회사 밖을 상상해본다면?

▶ 나의 일로 나를 소개할 수 있다면

회사를 다닐 때는 퇴사를, 백수일 때는 회사 안을 간절히 바란다는 게 웃프다. 이쯤 되면 현재와 다른 삶을 상상하는 건 우리의 특권이지 않을까 싶을 정도다. 요즘은 그 힘을 더 크게 발휘해보면 어떨까 생각해본다. 회사 밖, 프리랜서, 창업, 긱 워커, 프리워커 같은 거 말고 또 다른 이야기 말이다.

내 이야기부터 해보자면 내가 진짜 원하는 건 **'독립'**이다. 회사 밖에서 홀로 서는 것만을 이야기하는 게 아니다. 창업가는 이래야 한다, 신생 브랜드는 저래야 한다 등 세상의 이야기로부터도 오롯이 독립해 새로운 이야기를 쓰는 것에 가깝다. 너무 멀리 갔나 싶지만 사실 그간 그 누구보다 기존의 이야기에 많이 의지해왔기 때문에 하는 말이다.

유난히 직장생활을 고집하던 때가 있었다. 회사 밖에서 펼치고 싶은 내 삶의 어젠다가 딱히 없었기 때문이다. '무얼 하고 싶은지, 세상에 어떤 메시지를 던지고 어떤 것을 만들어내고 싶은지' 하는 비전 같은 것이 내 안에 아직 없었다. 대신 회사의 비전에 따랐고, 회사 일을 동료들과 함께 잘 만들어가는 게 즐거웠다. 1년 정도 백수로 지내면서 나라는 사람을 좀 더 알게 된 것도 큰 자극이 되었다. 나는 아무것도 하지 않고 가만히 있으면 끝까지 그럴 수 있는 사람이라는 걸, 하하.

이런 나도 부지런히 움직이고 추진력을 발휘할 때가 있다. 언제 그런가 생각해보니 누군가가 도움을 요청할 때였다. 혹은 다른 사람의 비전에 동조해 그를 따르며 조력자로 일할 때, 일하는 성취감을 느꼈다. 물론 그 비전에 정말 공감할 수 있다는 전제하에.

그 과정은 충분히 즐거웠고 가치가 있었지만, 한편으론 그 비전이라는 게 한없이 무겁게 느껴질 때가 있었다. 대단한 비전을 만들기는 버거워도 스스로 어젠다 정도는 만들 수 있고 재미도 느끼기 시작할 무렵이었다. 그간 해왔던 것과는 조금 다른 결의 성취감을 따라가 보고 싶어졌다. 당장 성과가 나지 않더라도 자기만의 색깔을 만들어가는 작은 브랜드들을 보면서부터였을 것이다. 대단한 메시지나 비전을 굳이 내세우지 않고도 무언가 선보이고 나누고 싶다는 동력만으로 일하는 사람들을 보았다. 그런 사람들을 보면 창업이나 프리랜서, 1인 사업자라는 이름과 무관하게 진정한 '독립'을 한 게 아닐까 생각한다. 그래서 이제는 나도 꿈꿔본다. 회사의 어젠다 없이도 나의 새로운 이야기를 쓰는 '독립(獨立)'의 삶을.

일은 왜 할까?

▶ 보이지 않는 곳에서 우리를 지탱해주는 힘

일을 주제로 한 가장 장엄한 질문이다. 일을 왜 하지? (나를 포함해) 나와 가까운 사람들을 보면 일을 많이 하는 것만큼이나 일에 대한 이야기를 많이 한다. 일에 대해 하소연하든 아이디어에 대한 의견을 구하든, 내용은 다르지만 늘 일 이야기로 시작해 일 이야기로 끝난다.

　일을 왜 하느냐는 질문에 답하다 보면 '나에게 일은 뭐지?'라는 생각으로 뻗어나간다. 일을 어떻게 정의하느냐에 따라 일하는 이유도 달라진다. 일의 사전적 의미를 찾아보니 '무엇을 이루거나 적절한 대가를 받기 위해 어떤 장소에서 일정한 시간 동안 몸을 움직이거나 머리를 쓰는 활동'이라 나와 있다. 너무 경제적 활동에만 치우친 정의처럼 들린다. 영어는 어떨까. work, labor, duty, task, job, employment, business… 일의 모양새를 표현하는 단어가 훨씬 다양하다.

실제로 사람들은 저마다 다른 의미와 범위로 일을 바라본다. 누군가에게는 일이 '아침부터 저녁까지 회사에서 하는 업무'일 테고, 누군가에게는 가족과 함께 보내는 시간이나 집안일일 수도 있다. 자아실현도, 공부도, 자원봉사도 일이 될 수 있다. 《왜 일하는가》를 쓴 이나모리 가즈오처럼 일을 인생의 미션처럼 선언하고 살아간 사람도 있다.

나는 어떨까. 처음 회사에 들어갈 때만 해도 내가 이렇게까지 일과 가까워질 줄 몰랐다. 마케팅과 기획 업무를 본격적으로 하면서부터 일과 삶을 별개로 떼어놓고 생각하는 시간이 점점 줄었다. 경계가 허물어졌다는 표현이 맞을 것이다. 내가 있는 업계 자체가 일과 삶을 떼어놓고 말하기 힘들기도 하지만, 시간을 가리지 않고 밤낮으로 일하는 워커홀릭과는 좀 다르다.

나에게 일이란 평소 내가 하는 신체적, 정신적 활동을

지탱해주는 힘 같은 거다. 나를 더 나은 사람으로 만들어
주는 성장의 수단이기도 하고, 내 삶에 깔려 있는 가치관
이자 기본적인 생활방식이기도 하다. 그래서 내가 일을 하
는 이유는, 더 나아가 잘하고 싶기까지 한 이유는 내 삶을
잘 가꾸고 잘 만들어가고 싶기 때문이지 않을까. 한 번 사
는 인생, 정말 잘 살고 싶어서.

실패할 것 같다는 두려움이 몰려올 때
가장 큰 실패란 무엇일지 생각한다.
돈을 많이 잃는 것?
재미없이 힘겹게 일하는 것?
나에겐 '이렇게 할걸, 저렇게 할걸' 하면서
후회만 하는 게 가장 큰 실패다.

매번 성공만 할 수 없는 게 인생이라면
이왕 내가 선택하고 직접 해보면서
실패하고 싶다.

나에게 100억이 생긴다면?

▶ 실패하는 데 아주 많은 돈을 쓰고 싶다

가끔씩 로또를 사면 당첨자 발표날까지 하루하루 기분이 좋다. 괜히 당첨될 것만 같고, 당첨되면 뭘 할지 매일 하루 종일 상상할 수도 있다. (확신의 N…) '당장 100억이 생긴다면 뭘 할까'라는 질문은 늘 상상하던 거라 쉽게 답할 수 있다. 난 하고 싶은 일이 너무너무 많다. F&B도 해보고 싶고, 대중이 좋아하진 않을 것 같아도 내 마음대로 내가 해보고 싶은 독특한 제품도 만들어서 팔아보고 싶고, 내 철학을 담은 브랜드도 만들고, 인플루언서 대행사 같은 것을 만들어보면 어떨까 상상한 적도 있다.

무엇보다 지금껏 못 해본 것들을 시도하는 데 돈을 써보고 싶다. 다양한 회사에 투자도 해보고, 디저트 가게도 열어보고 싶고, 호텔도 만들어보고 싶다. 하고 싶은 게 많은 사람들과 회사를 만들어서 다함께 하고 싶은 것을 마음껏 펼치며 이런저런 테스트도 해보고 싶다.

예전엔 100억이 생기면 '집부터 사야지' '건물 사야지' '세계여행 다녀야지' 같은 생각을 많이 했다. 물론 경제적 자유를 이뤄서 여행도 마음껏 다니고, 넓은 집도 사고, 물질적으로 풍요롭게 사는 것도 그 나름대로 좋을 것이다. 하지만 점점 돈을 벌고 내가 갖고 싶었던 것을 손에 쥐었을 때, 소비를 통한 행복은 그렇게 오래가지 못한다는 것을 깨달았다. 아무리 돈이 많아도 매일매일 맛집 가고, 여행 가고, 쇼핑만 한다면 어느 순간 그 자체가 특별한 이벤트로 느껴지지 않고 지루할 것도 같다. (어디까지나 가정입니다.) 돈으로 느낄 수 있는 즐거움도, 돈으로 해볼 수 있는 경험도 한계가 있다.

경제적 자유를 이룬 사람 중에 가장 부러운 사람은 해보고 싶었던 것을 마음껏 시도해보는 사람들이었다. 하고 싶은 게 많고, 그걸 돈 때문에 오래 고민하지 않고 막 도전하는 모습이 **실패**해도 되는 자유를 얻은 사람의 특권 같았다. 내가 생각하는 경제적 자유도 더 많은 시도와 실패를 해도 되는 자유일 것이다. 그래서 나에게 100억이 생긴다면 마음껏 실패해보고 싶다. 진짜 성공한 삶은 수많은 실패가 엮여 만들어지는 산물일 테니까.

어떤 콘텐츠가 좋은 콘텐츠일까?

▶ 빨리 보고, 몰아보고, AI가 만들고,
   추천하고… 쉽지 않네, 콘텐츠

한창 유튜브 영상 아이템을 고민할 때 '직장인을 위한 리얼 코디 305일' '10년 차 직장인의 시시콜콜 생존 노하우'를 떠올려본 적 있다. 챗GPT에 '직장인 코디법 알려줘'라고 물으면 많은 답변을 얻을 수 있겠지만 그중 내가 적용할 수 있는 것은 몇 개나 될까. 넥타이를 매지 않아도 되지만 너무 편한 복장은 안 되는 곳이라면, 샌들은 되지만 크록스는 안 된다는 예외 조항이 있다면, 그 미묘한 차이는 당사자인 인간만 알 수 있을 것이다.

AI 시대에 인간으로서 나는 작은 이야기에 매력을 느낀다. 휴먼 터치가 있는 콘텐츠, 옛날 말로 사람 냄새 나는 콘텐츠. 유튜브 채널 피식대학의 '판교 신도시 부부' 시리즈부터 최근 재미있게 보고 있는 채널 밈고리즘의 '폭스클럽', SNL코리아의 'MZ오피스'로 이어지는 인기 채널의 비결도 휴먼 터치에 있다고 생각한다. 유머 채널이니까 재미있게 과장한 건 분명하지만, 그럼에도 내 주변에서 한 번쯤 보고 들었던 사람 이야기라는 것이 포인트다. 친구와 대화하다가 '너 방금 완전 T 같았어!' 하고 깔깔 웃을 수 있는 재료가 되는 콘텐츠, 나와 우리 일상을 다시 한 번 곱씹어보게 되는 콘텐츠, 막연했던 감정을 뚜렷하게 보여주는 콘텐츠가 좋은 콘텐츠라고 생각한다.

좋은 콘텐츠를 만들려다 보면 '인간은 (컴퓨터든 동물이든 어떤 존재든) 무엇이 다르냐'고 묻게 된다. AI나 챗GPT는 할 수 없고 인간이어서 할 수 있는 것 중 하나가 '실패' 아닐까. 예전에는 **실패** 이야기를 별로 듣고 싶지 않았다. 말 그대로 실패한 것이니 성공이나 성장하는 데 바로 도움이 되지 않을 것 같았기 때문이다. 그러다 절대 실패하지는 않지만 탁월하지도 않은, 중상위 정도의 결과물을 빠르게 내는 인공지능을 보면서 생각이 바뀌었다. 인공지능은 실패하지 못

해서 많은 것을 얻지 못한다. 실패해봐야 느낄 수 있는 다채로운 슬픔과 기쁨, 실패처럼 보이지만 결국 성공의 발판이 되는 미세한 차이 같은 것 말이다.

지금 나는 빠르게 실패해야겠다는 다짐과 오래 실패하고 싶다는 희망을 품는다. 단, 많이 실패하더라도 같은 실패를 반복하지 않겠다는 욕심을 가져본다. 오래 실패한다는 것은 계속 시도한다는 뜻이라고 생각한다. 실패가 쌓이다 탁월한 결과물이 나오는 것도 좋지만, 그러지 못하더라도 나의 시도와 실패는 반면교사로서 그 나름대로 세상이 바뀌는 데 일조하지 않을까.

그래서일 거다. 실패했지만 다시 도전하는, 조금은 찌질하고 시시하고 웃긴 이야기가 재미있는 게. 그리고 궁금하다, 앞으로 펼쳐질 우리의 더 많은 실패 스토리가.

좋은 뉴스(Good News)는
없는 걸까?

▶ 좋은 쪽으로 기운을 모으는 방법

온라인에서 화제가 된 사진 한 장이 있다. '폐지 줍는 노인에게 우산 씌워준 여성'이라는 제목의 기사였다. 비가 오는 어느 날, 폐지를 줍기 위해 수레를 끌고 나간 어르신이 비를 홀딱 맞으며 걸어가고 있었는데 이때 분홍색 우산을 쓰고 지나가던 젊은 여성이 어르신 쪽으로 우산을 기울여 함께 조용히 걸어갔다. 어르신에게 우산을 씌워드리느라 한쪽 어깨와 손에 든 장바구니가 모두 젖었지만 여성은 아랑곳하지 않고 어르신이 가는 곳까지 1킬로미터를 함께 걸어갔다. 그 기사는 연일 화제가 됐고 여러 포털사이트의 메인을 장식했다. 어찌 보면 평범해 보이는 일상의 한 장면에 사람들이 열광한 이유는 무엇이었을까?

최근 tvN 〈알쓸별잡〉에서 9·11테러에 대해 다뤘다. 몰랐던 사실인데 2001년 9월 11일 벌어진 동시다발 테러 중 테러범들에게 납치된 비행기가 하나 더 있었는데, 유나이티드 항공 93편이다. 테러범에 납치된 유나이티드 항공 93편은 워싱턴DC로 향하던 도중에 비행기에 타고 있던 승객들의 저항을 받아 테러범의 계획대로 되지 않았다. 이동진 평론가는 그때 일을 회상하며 말한다.

"그때의 교신을 들어보면 승객들은 자신들이 죽을 거라는 걸 다 알고 있어요. 그런 와중에 테러범과 싸워서 힘을 모아 테러범을 막아냅니다. 그러니까 이런 사람들의 존재가 있다는 것, 그런 비극의 순간에도 자신을 희생한 사람들이 있다는 것, 이런 것이 우리에게 어마어마한 트라우마를 견디게 하는 작은 희망 같은 거죠."

세상이 흉흉한 요즘, 살아가는 게 미션이고 서바이벌 같다. 뉴스를 보기 싫다는 지인들이 많아졌다. 하긴 연일 좋지 않은 뉴스가 들려오는데 어떤 사람이 보고 싶을까. 그래서 희망을 볼 수 있는 단비 같은 뉴스에 더욱 안도감을 느끼게 되는 것 같다. 여전히 우리에게 희망을 주는 사람들도 분명 존재하니까. 이럴 때일수록 우리가 할 일은 뉴스 보는 걸 두려워할 게 아니라 어떻게든 긍정적이고 선한 것을 놓지 않는 것이다. 비극의 순간에도 마지막까지 세상을 구한 사람들이 존재한다는 것, 본인이 홀딱 다 젖어도 누군가를 위해 비를 맞지 않게 우산을 씌워주는 사람이 있다는 것. 여전히 그 희망을 잃고 싶지 않다. 조금이라도 낙관적으로 바라보고 싶다. 그래서 좋은 소식이 나쁜 소식보다 많아지길 간절히 바랄 뿐이다.

'폐지 줍는 노인에게 우산 씌워준 여성' 기사에는 이런 댓글이 달렸다.

여전히 우리 사회는 따뜻하다고 할 수 있습니다. 요즘 좋은 일도 없는데, 좋은 쪽으로 긍정적으로 기운을 모아봅시다.

인생 드라마를 꼽는다면?

▶ 그럭저럭 괜찮은 것도 해피엔딩

감명 깊게 본 드라마가 많아서 하나를 꼽긴 힘들지만 그래도 꼽으라면 〈나의 아저씨〉. 여러 번 보며 매번 슬퍼했고 기뻐했다. 말 그대로 드라마 속에나 있을 것 같은 행복하고 기적 같은 삶보다는 근심스럽고 가라앉은 〈나의 아저씨〉 속 삶이 우리네 삶과 **닮았다**고 생각했다.

다행인 건 그런 삶이라서 다른 사람의 도움이 필요하고, 그럴 때마다 타인과 연결되는 순간들이 있다는 것도 이 드라마가 알려줬다는 것. 볼 때는 우울하지만 막상 끝나고 나면 늘 잔잔하게 기분 좋은, 드라마틱한 해피엔딩은 아니지만 그럭저럭 괜찮으니 오래오래 행복하게 살았을 거라고 믿게 되는 인생 드라마다.

나를 드러내는 게 두려울 때

▶ 두려울 때마다 읽는 문장

주변 사람들에게 두려움을 고백한다. 이런 게 두렵다, 저런 게 두렵다, 이번에는 이게 너무 어렵다 하면서. 블로그에도 쓰고, 마구 이야기하고 다닌다. 가까운 사람들은 괜찮다고 말해주고, 모르는 사람들도 응원해준다. 거기서 용기를 얻는다.

두려운 마음은 사실 좀 잘하고 싶은 마음의 증거라는 말을 점점 믿게 된다. 두려움이 생겼다는 건 뭔가 하고 싶은 마음의 **불씨**가 켜진 것이다. 이제 장작을 넣고 불씨를 더욱 키우면 된다. 두려움이 너무 클 때는 불을 크게 일으키기보다 불씨가 꺼지지 않도록, 언제고 계속해나갈 수 있도록 마음을 지키는 데 집중한다.

고(故) 김진영 철학자의 《아침의 피아노》라는 책을 읽으면서 '지금 살아 있다는 것 그걸 자주 잊어버린다'라는 문장에 밑줄을 그어두었다. 밑줄을 긋는다는 것은 고인에게 내가 할 수 있는 가장 큰 공감의 표현 중 하나였다. 그리고 인스타그램 프로필 소개글도 바꿨다. '사랑, 아름다움, 감사에 대해 말하기를 멈추지 않기.' 훗날 두려워했던 나에게 용기를 주고 자신의 불씨를 나눠준 사람들에게 '감사에 대해 말하기'를 멈추지 않으려고 기록해본다. 두려움을 외면하지 않고 지금 살아 있다는 증거로 삼으며, 두려움 다음에는 사랑, 아름다움, 감사가 있다는 것을 믿어보려고 한다.

> 해는 가도 운명은 남는다. 나도 남는다.
> 나와 운명 사이에서 해야 할 일들도 남는다.
> 조용한 날들을 지키기.
> 사랑과 아름다움에 대해서 말하기를 멈추지 않기.
> _김진영, 《아침의 피아노》, 한겨레출판

매달 마지막 수요일마다 한 시간, 사람들과 무언가를 해야 한다면?

▶ 익숙함에 속아 소중함을 잃지 말자

새로운 사람보다는 알고 지내는, 좋아하는 사람들을 만나고 싶다. 나이가 들수록 만나는 사람만 만나지 말고 새로운 사람 만나기를 두려워하지 말자고 스스로 원칙을 세우긴 했지만, 한 달에 딱 한 번이라는 조건이 붙었으니 예외로 하자고 정신승리한다.

알고 있던, 자주 만나는 사람들이라 해서 마냥 편하고 즐겁게 놀려고 모이진 않을 것 같다. 안정감, 평화는 매일 남편과 나누니까 이왕 모인 사람들과는 새로운 시도, 생각을 나눠보고 싶다. 반 정도는 익숙하게, 반 정도는 새롭게 환경을 구축해보는 것이다. 이제는 정말 그런 시간을 일부러라도 만들어야 하지 않을까 싶다. 나는 그 하루를 새롭게 보내기 위해 한 달을 열심히 살아낼 테니까.

평생 이 사람과
함께할 수 있을까?

▶ 표현하기, 표현하고 또 표현하기

어렸을 때부터 '결혼'을 떠올리면 따라오는 질문이다. 사랑
을 어떻게 정의하느냐에 따라 다르겠지만, 이성적 매력이
나 남녀 간의 사랑만으로 평생을 사는 건 어렵다고 생각한
다. 사랑해서 결혼했지만 오히려 결혼한 후에 '모든 관계는
노력해야 한다'는 당연한 진리를 깨닫는 중이다.

그 노력의 종류와 방법은 사람마다 다르겠지만 본질적
으로는 하나인 것 같다. 표현하기, 표현하고 또 표현하기.

〈헤어질 결심〉각본을 쓴 정서경 작가님은 tvN 〈알쓸인
잡〉에 나와 이렇게 말했다. '사랑해'라는 말에는 실체가 없
다고. '사랑해'라는 말을 쓰면 거기서 끝나는 느낌이 든다
고 말했다. 그래서 자신이 쓰는 영화나 드라마에서 '사랑한
다'고 말하지 않고 어떻게 사랑을 표현할지, 행동과 동작으
로 사랑한다는 말을 들리게 할 순 없을지를 고민하며 작품
을 만든다고 한다. 관객이자 독자인 나도 영화나 문학에서

는 직접적인 표현보다 사랑을 보여주는 다양한 언어와 행동에 감동한다. 하지만 실제 삶은 영화나 문학과 (어떨 땐 매우) 다르기 때문에 실제 삶에선 '사랑해'라는 표현을 더 자주 하는 게 좋다고 생각한다. 정서경 작가님과 달리 나는 그 말에 실체가 없다고 생각하진 않는 편인 셈이다.

상대방이 오해할지언정 나는 최선을 다해 표현해보려고 한다. 책을 읽든 영화를 보든 빨래를 이렇게 하든 요리를 저렇게 하든 이곳을 가든 저곳을 가든, 당연한 것도 당연하지 않은 것도 표현하기. 아무것도 하지 않거나 달라지는 게 없으면, 대화거리도 표현할 것도 없어지고 결국엔 이 사람과 살 이유도 없으니 헤어지게 되는 거라면 지나친 비약일까. 있는 그대로의 모습뿐 아니라 성장하고 달라지는 것도 함께하고 싶은 게 사랑이라고 생각한다. 어렸을 때는 마냥 재미있기만 했던 친구가 지금은 믿음직스러운 친구가 되어서 더 좋은 것처럼.

　부부든 친구든 누군가와 평생을 함께하기 위해 가장 중요한 건 **'생각의 싱크로율'**를 맞추는 것이라 생각한다. 그래야 함께 더 많이 대화하고, 서로를 더 잘 이해하고, 가치관을 단단하게 다지면서 함께 성장할 수 있을 테니까. 이때 중요한 건 속도다. 방향만 크게 다르지 않다면, 서로의 속도를 존중해가면서 성장하는 과정을 겪어야 한다. 한 사람만 너무 빠르거나 느리지 않게, 둘 다 정체되지 않고 지치지도 않도록. 사랑에서 이해로, 이해에서 성장으로, 성장에서 믿음으로.

살면서 딱 한 번 질문할 수 있다면
누구에게 무엇을 질문해야 할까.

신에게 물어볼 수 있다면,
내 인생의 결말에 대해 질문할 것이고,
인간에게 질문해야 한다면,
나에게 매일 같은 질문을 하고 싶다.
'오늘 하루를 어떻게 살 것인가' 하고.

매일 하고 싶은 일 세 가지?

▶ 확실한 루틴으로 얻을 수 있는 것들

1.

나는 무언가를 기록하고, 만들고 보여주면서 아웃풋을 만든다. 그래서 아침 30분 동안 차를 마시고 책을 읽으며 나 자신에게 집중하는 인풋의 시간은 더욱 소중하다. 매일 반복되는 소소한 이 시간을 통해 마음의 근력이 차츰 단단해지는 것을 체감하고 있다. 30분에서 더 나아가 한 시간, 두 시간, 최소 세 시간 이상의 몰입의 시간을 만드는 것이 목표다.

2.

운동을 꾸준히 하고 싶다. 몸 건강이 정신 건강으로도 이어진다는 게 점차 느껴지는 나이다. 예전에는 퇴근하고서도 분명 에너지가 남아 있었는데, 언제부턴가 회사에서 에너지를 많이 쓰면 저녁에는 아무 힘도 없었다. 당연히 개인적인 딴짓도 할 수 없게 되었다. 점점 작은 생각조차 할 수 없을 정도로 체력이 약해졌다. 체력이 없으면 정신 건강도 무너진다. 나는 끊임없이 생각하고 성장하며 나아가고 싶다. 그래서 기초대사량을 높일 수 있는 삶의 건강 루틴을 가지려 부단히 노력 중이다. (정말 노력…) 나가자, 걷자, 달리자.

3.
매일 일기를 쓰는 것.

일기를 쓰는 이유 중 하나는 그날 있었던 일들을 기록하려는 의도도 있지만, 하루를 회고하고 내일을 다시 단정하게 잘 살 수 있게 도와주기 때문이다. 과거엔 부정적인 감정을 털어놓는 일기가 많았는데, 요즘엔 좋았던 것, 그리고 내 생각들을 구체적으로 적으려고 노력한다. 들여다볼 때마다 기분 좋은 기록들이 많을 수 있도록 말이다. 앞으로는 기분 좋은 나의 감정과 생각에 시간을 조금 더 많이 할애하고 싶다.

나에게 자극 없는
30일이 주어진다면?

▶ 수많은 자극으로부터 벗어나기

요즘 모든 것이 재미없고 새롭지 않다. 심지어 새로운 것들을 경험하면 할수록 내 삶은 공허하고 지루해지는 느낌이다. 그래서인지 무언가에 중독된 사람처럼 더욱더 새로운 자극처를 찾아다니고 있다. 먹잇감을 찾아다니는 하이에나처럼 말이다.

예전부터 새로운 공간이 오픈하거나 재미있는 콘텐츠가 있다고 하면 그 누구보다 빠르게 경험하는 편이었다. 남들보다 빨리 정보를 선점하는 것에 묘한 쾌감도 들었다. 내가 아직 겪지 않은 새로운 경험을 누군가가 먼저 했을 때 조급해지기도 했다. 이제는 어딜 가든 무엇을 보든 '트렌드'라는 이름 아래 '경험'이라는 포장으로 나를 압박한다. 지금 당장 하지 않으면 안 될 것 같고 반드시 나도 알아야만 할 것 같은 두려움도 생긴다. 이러한 심리를 'FOMO(Fearing of Missing Out, 유행에 뒤처지는 것에 대한 공포심리) 증후군'이라고 말한다. 이렇게 용어까지 나와 있는 것을 보면 나뿐만 아니라 요즘 시대의 얼마나 많은 사람들이 'FOMO 증후군'에 시달리고 있는 건지….

다시 처음으로 돌아가서, 스스로에게 묻는다. 진정 새로운 경험을 많이 하는 것이 내 삶에 좋은 것일까? 많은 경험 자산을 쌓아가는 것이 나를 성장시킨다고 믿었다. 하지만 어쩌면 무분별하게 흡수하는 새로운 정보는 독이 될 수도 있겠다고 생각했다. 어느 날 친구가 나에게 슬며시 보내준 링크의 영상을 보고 난 후 든 생각이다.

링크는 '돈과 경험은 많을수록 좋은 걸까?'라는 제목의 영상이었는데, '조승연의 탐구생활'이라는 유튜브 채널 영상 중 하나였다. 그 영상 말미에서 조승연 씨는 이렇게 말한다. "우리나라는 새로운 것을 끊임없이 추구하려는 마인드가 있어요. 새로운 것을 개척해나가는 것은 당연히 큰 장점이고 그래서 우리나라가 발전한 것도 있지만, 그만큼 우리한테 안정감을 주고 변하지 않는 것들을 잊고 사는 것은 아닌가 생각합니다. 진짜 행복한 삶은 호기심을 갖고 새로운 것을 받아들이는 것 30퍼센트, 변하지 않는 것들에 대한 기대와 믿음과 자신감 60, 70퍼센트 정도, 좋은 밸런스로 채워져 있는 삶이 아닌가 하는 생각이 들어요."

변하지 않는 것들에 대한 기대와 믿음 그리고 자신감은 '나만의 확고한 기준' 그리고 깊은 사색의 시간에서 흘러나온다. 새로운 정보를 취하는 것처럼 아무것도 하지 않는 시간, 지루하고 따분한 멍한 시간도 밸런스 있게 필요하다. 최근 들은 강연에서 영감을 어디서 받느냐는 질문에 한 연사가 이렇게 답하기도 했다. "제가 영감을 받는 방법은 머리를 비우는 거예요. 최대한 정보로부터 벗어나는 거죠."

나도 당분간은 트렌드, 새로운 경험과 자극을 멀리하고

변하지 않는 것들에 집중하는 시간을 가져봐야겠다. 그것
이야말로 새로운 자극이 되어줄 테니까.

여행을 하는 이유

▶ 나의 '지금'을 가끔 바꿔보고 싶어서

여행은 환기(喚起)다. 여행지마다, 여행하는 시기마다 의미
는 달라질 수 있겠지만, 여행을 떠나는 가장 기본적인 이유
는 **환기**를 위해서다.

　예전에는 경험을 쌓고 견문을 넓히기 위해 여행을 다녔
다. 요즘은 하루하루 비슷한 일상에서 줌아웃하고 싶은 마
음이 가장 크다. 누구와 어디에 가느냐도 중요하겠지만, 적
절한 시기에 여행을 떠나는 게 가장 중요하다고 생각하는
이유이기도 하다. 시공간을 잠깐씩 바꿔보지 않으면 나를,
내 삶을 객관화하기 쉽지 않으니까.

　　뉴욕은 캘리포니아보다 3시간 빠릅니다.
　　그렇다고 캘리포니아가 뒤처진 것은 아닙니다.
　　어떤 사람은 22세에 졸업을 했습니다.
　　하지만 좋은 일자리를 얻기 위해
　　5년을 기다렸습니다.

어떤 사람은 25세에 CEO가 됐습니다.

그리고 50세에 사망했습니다.

또 어떤 사람은 50세에 CEO가 됐습니다.

그리고 90세까지 살았습니다.

어떤 사람은 아직도 싱글입니다.

반면 다른 어떤 사람은 결혼을 했습니다.

오바마는 55세에 은퇴했습니다.

트럼프는 70세에 시작했습니다.

세상의 모든 사람들은

자기 자신의 시간대에서 일합니다.

우연히 커뮤니티 게시판에서 본 글이었다. 늘 '시간이 없다'는 말을 달고 사는 나에게 '시간'은 우선순위 상위에 있는 단어다. 의식하지 않을 수 없는 단어다. 이때 아니면 못 한다, 이것도 저것도 해야지, 이걸 안 하면 다음 것도 밀리니까 등 시간이 촉박해서, 시간이 없어서 타이밍을 놓칠까 봐 전전긍긍했다. 남들의 속사정을 속속들이 알 수는 없지만, 상대적으로 시간 여유가 있는 사람들을 보면 부러웠다. 무언가 더 빨리 이룬 사람을 종종 부러워하며, 그렇지 못한 나는 어떤 타이밍을 놓친 건가 고민했다. 시간은 다른 사람과 나를 비교하게 했다.

그러던 중 시간을 조금 다르게 바라보게 된 계기는 하와이로 신혼여행을 떠났을 때였다. 11월 26일에 결혼식을 올리고 하와이행 비행기를 탔는데, 비행기에서 내리니 시차 때문에 두 번째 11월 26일을 맞이하고 있었다. 분명 지구의 모든 사람들에게 주어진 하루는 24시간으로 동일한데, 갑자기 나만 시간을 번 느낌이었달까. 시차가 있는 여행지를 갈 때면 매번 느꼈던 거였다. '아, 그래. 우리는 다른 시간대를 살고 있지. 시간이라는 게 사실 별거 아니지… 어차피 우리는 각자 다른 시간을 살 수밖에 없네?'라는 안도감마저 들었다.

환기를 다른 말로 바꾸면, 프레임을 벗어나는 것이다. 여
행을 떠날 수 없다면 적절한 시기에 내 프레임, 일상, 현실을
벗어날 수 있는 질문을 하는 게 중요하다. 당연한 것을 당연
하지 않게 바라봐야 나를, 내 삶을 꾸준히 객관화할 수 있으
니까.

나쁜 경험, 좋은 경험이 따로 있을까?

▶ 진짜 아는 거 맞아?

내 인생에 도움이 된 조언 톱3 중 하나이자 이 질문에 대한 답변으로, 예전에 해둔 기록 하나를 떠올려본다. "강의를 하다 보면 요즘 친구들이 PPT 화면 하나 띄워놓고 '이런 스타일이 좋아요' '저런 무드가 좋아요'라고 말해요. '그런 스타일, 무드가 정확히 무엇이냐'고 물어보면 한마디도 못 해요." 롱블랙 커피챗 행사에서 김재원 대표님이 하신 말씀이었다. 이 기록 옆에 나는 이렇게 써두었다. '흔히 말하는 '느낌적인 느낌'에만 머물러서 '안다'고 **착각**하는 것, 가짜 경험은 나쁜 경험이라고 생각한다.'

유튜브 영상이나 인스타그램의 카드뉴스, 온라인에 떠도는 무료 PDF 등 콘텐츠가 너무 많다. 좋은 자료를 후루룩 보기만 해도, 갖고 있기만 해도 '안다'고 생각될 때도 많다. 스스로 생각해야 할 주제를 대신 요약 정리해주는 사람도 많다. 보다 보면 익숙해지고, 너무 익숙해서 내 것이라고 착각하기 쉽다. 이건 마치 글쓰기에 대한 강연을 본 후 '난 이제 글쓰기 안다'고 하는 것과 같다. 나의 글을 한 줄도 쓰지 않았음에도 불구하고.

지금 알고 있는 것이 과연 나의 언어와 행동으로, 결과물로 구현해낼 수 있을 만큼 아는 건지 돌아보자. 그렇지 않다면, 나쁜 경험이 좋은 경험이 될 수 있도록 스스로 계속 질문해야 한다. 어떤 경험이든 경험 자체에는 죄가 없다.

무슨 일이든 호기롭게 시작했다가도
이런저런 일을 병행하면서
제대로 해내기가 쉽지 않다.
좋은 경험과 나쁜 경험은 결국
나에게 달려 있다.

무엇이든 제대로 하려면
'시간의 구조조정'이 필요하다.
우선순위를 정하고
그 우선순위 다섯 가지에 집중하자.

왜 많이 경험해야 할까?

▶ 내 속도를 알기 위해서

많이 경험하는 게 좋다고 해서 더 많이 더 빨리, 더 효율적으로, 누구보다 먼저 경험하려고 한다. 하지만 나 같은 경험주의자는 '경험'에 집중하느라 때로 '속도'를 놓치곤 한다. 아니, 내 속도를 모르고 가속을 하는 게 더 문제일지도 모르겠다. 그래서 원래 어떤 속도가 적정한 사람인지 가끔씩 잊곤 한다. 시간에 쫓기고, 시간이 부족하다고 조바심 내고, 다른 사람과 더 많은 것을 비교하면서 더 빠르게 달리는 악순환에서 힘이 부치곤 했다.

속도를 늦추기 시작한 건 결혼을 하고부터였다. 앞으로의 인생은 혼자 달릴 수 없고 함께 달려야 했기에, 상대방의 속도를 생각하며 걸어가게 되었다.

현재 나의 속도는 학교 앞 어린이보호구역을 달리는 정도다. 시속 30킬로미터 정도로 천천히, 때로는 멈춰서서 주변을 살핀다. 회사 밖에선 어떤 일을 할 수 있을까, 어떤 가

정을 꾸려야 할까 질문하고 주변을 많이 살피다 보니 속도
가 더 느려졌다. 일하는 방식, 가족과 보내는 시간 등 줄일
것, 늘릴 것, 바꿀 것, 없앨 것 등 내 삶의 시간을 재조정하
며 나의 속도를 찾아가고 있다.

대학 다니면서 치과 코디네이터가 되어야겠다고 결심했
을 때, 그 후로도 목표가 있으면, 재미있으면, 도파민을 느
끼면서 빠르게 달렸다. 그렇게 빠르게 달릴 시기가 과연
또 올까. 언제일지 모르겠지만 그때가 오면 좀 더 내 페이
스를 지키면서 잘 달릴 수 있지 않을까.

속도를 높이는 것도 예전보다 훨씬 수월해질 것이다. 속
도를 높이는 데는 여러 방법이 있고, 시간을 잘 보내는 만
큼 그 선택지도 늘어날 테니까.

결국 내 속도도 모르고 많이 경험했던 것들이, 나의 진

짜 속도를 알게 해준다. 그럼에도 불구하고 여전히 더 적합
한 나만의 페이스를 찾고 싶다. 더 많이 경험해볼 수밖에.

지금까지의 내 삶을
한 문장으로 정리해본다면?

▶ 내년에는 어떤 문장으로 정리하고 있을까

"날마다 새로우며 넓어지고 깊어진다." 정채봉 선생님의 책 《첫 마음》이라는 책에 나온 문장이자 내 마음에 새겨두는 문장 중 하나다.

나 스스로를 볼 때 '깊이가 없다'고 생각할 때가 있었는데, 이 문장을 보고 방향을 찾은 느낌이었다. '깊이가 없다'는 막연한 생각이 한 번에 정리되었달까. 이 문장대로 살아가고 싶었다. 소망과는 별개로 갈 길이 멀어서 거의 내겐 미션 같은 문장이다.

비슷한 듯 다른 문장으로, 예전에 새해 다짐으로 써놓은 글도 있다. '무수히 **번복**할 수 있는 사람이 되자.' 나라는 사람에 대한 기준은 상황과 시기에 따라 계속 변하겠지만, 그걸 기록으로 남겨두면서, 번복했다고 창피해하지 말고 반성하고 나아가자는 다짐이었다.

이 두 문장을 실천하기 위해선 나는 끊임없이 물어보고

대답할 것이다. 날마다 새로우며 넓어지고 깊어지기 위해, 무수히 번복하며 성장하는 사람이 되기 위해 난 오늘도 질문한다.

에필로그
자기 자신에게 호기심을 가질 것

이 책의 작업이 막바지에 접어들었을 때 《일놀놀일》을 함께 쓴 규림과 함께 '내 인생을 바꾼 질문들'이라는 주제로 전주에서 북토크를 했다. 각자 '질문'을 주제로 인생 질문을 이야기했는데, 규림의 인생 질문이 인상적이었다. '자기 자신에게 호기심을 가지라.'(제니퍼 애슈턴, 《지금, 인생의 체력을 길러야 할 때》, 북라이프) 우연히 책에서 이 문장을 보고 규림은 '나는 내가 궁금한가?'라는 질문을 시작으로 자기 자신에 대해 더 질문하고 궁금해하기 시작했다고 한다. 나 역시 고개를 끄덕였다. 다른 사람의 인생은 궁금해하면서 나 자신에 대해선 궁금해하지 않았던 예전을 떠올리면서 말이다.

내가 나에게 관심을 주지 않으면 아무도 나에게 관심을 주지 않는다. 내가 가장 궁금해하는 사람은 바로 나여야 한다. 질문하는 게, 좋은 질문이 중요한 건 맞지만 그 질문이 내 삶에 영향을 주지 못한다면 그게 다 무슨 소용인가. 내 삶을 좌우할 사람이 나여야 한다는 점에서도 나에게 관심을 갖고 질문하는 것은 중요하다. 나로서 살기 위해선 타인을 궁금해하는 것만큼 나 자신에 대해서 궁금해하는 것을 잊지 말아야 한다. 난 앞으로 어떤 이야기를 만들어갈지, 나는 어떤 것을 꾸준히 하고 싶은지, 어떨 때 가장 행복한지. 나에 대해 궁금해하고 알아가는 게 가장 나다워지는 길이라고 생각한다.

그런 의미에서 지금 나의 인생 질문은 '지금 재미있나요?'이고, 나 자신에게 자주 하는 질문은 '이대로 괜찮나?'이다. 이제 이 책을 읽어주신 독자님 차례!

자기 자신에게 무슨 질문을 할 건가요?

질문 있는 사람의 질문

▷ 지금의 나를 들여다보는 질문들

1. 매일 아침, 빼놓지 않고 하는 일이 있다면?

2. 아침과 저녁의 플레이리스트?

3. SNS, 왜, 어떻게 매일 하냐고?

4. 퍼스널브랜딩이 필요할까?

5. 매력적인 사람은 어떤 사람일까?

6. 요즘 연애 프로그램은 왜 이렇게 재미있는 걸까?

7. 내가 좋아하는 브랜드의 공통점

8. 브랜드 콜라보, 어떻게 해야 할까?

9. 레퍼런스, 얼마나 찾고 어디까지 활용해야 할까?

10. 회사 일을 내 일로 만들어가는 방법

11. 버틸까, 이직할까

12. 내가 꼰대일까?

13. 일 잘하는 워커 vs. 일 잘하는 마케터

14. 창의적인 마케터는 어떻게 일할까?

15. 영감을 어떻게 활용할 수 있을까?

16. 부러운 사람

▷ 좀 더 빨리 했으면 좋았을 질문들

▷ 앞으로 자주 해야 할 질문들

49. 블로그, 인스타그램, 유튜브 중 하나만 남긴다면?

50. 내 이름의 연관검색어로 떴으면 하는 세 단어

51. 매년 책을 내는 이유

52. 책 꼭 읽어야 할까?

53. 요약본, 빨리감기… 콘텐츠 이렇게 봐도 될까?

54. 내 마음을 두드린 한마디

55. 책 많이 읽는 방법

56. 고전을 꼭 읽어야 할까?

57. 내 인생의 소울시티

58. 여행지에 딱 세 가지 물건만 가져갈 수 있다면

59. 딱 한 권의 책만 소유할 수 있다면

60. 오늘 하루 핸드폰이 없다면?

61. 살면서 해본 가장 파격적인 행동은?

62. 조언과 잔소리의 차이는?

63. 레퍼런스, 롤모델, 멘토… 꼭 필요할까?

64. 어떻게 하면 일을 잘할 수 있을까?

65. 조직형 인간, 창업형 인간이 따로 있을까?

66. 싫어하는 일을 잘하는 법이 있을까?

67. 번아웃, 무기력, 매너리즘을 극복하는 방법

68. 하기 싫지만 꼭 해야 하는 자기계발은?

69. 오늘 할 일 중 빨리 해치우고 싶은 일은?

▷ 언제나 나를 이끌어줄 질문들

▷ 미처 답하지 못한 질문

질문 있는 사람

2023년 11월 3일 초판 1쇄 발행
2023년 12월 20일 초판 4쇄 발행

지은이 이승희

펴낸이 김은경
편집 권정희
마케팅 박선영
디자인 황주미
경영지원 이연정

펴낸곳 (주)북스톤
주소 서울특별시 성동구 성수이로7길 30, 2층
대표전화 02-6463-7000
팩스 02-6499-1706
이메일 info@book-stone.co.kr
출판등록 2015년 1월 2일 제2018-000078호

© 이승희
(저작권자와 맺은 특약에 따라 검인을 생략합니다)

ISBN 979-11-93063-16-3 (03190)

북스톤은 세상에 오래 남는 책을 만들고자 합니다. 이에 동참을 원하는 독자 여러분의 아이디어와 원고를 기다리고 있습니다. 책으로 엮기를 원하는 기획이나 원고가 있으신 분은 연락처와 함께 이메일 info@book-stone.co.kr로 보내주세요. 돌에 새기듯, 오래 남는 지혜를 전하는 데 힘쓰겠습니다.